臨床心理士と精神科医の夫婦が

子育てで大事なこと全部

まとめてみました

臨床心理士
杉野珠理

精神科医
荒田智史

集英社

はじめに

子育てをするなかで、こんな悩みはありませんか？

「3歳までは、なるべくママが一緒にいた方がいいの？」

「習いごとは、なるべくたくさんやらせた方がいいの？」

「中学受験は、やるならなるべく早くから準備した方がいいの？」


また、こんな心配はありませんか？

「いじめられたらどうしよう？」

「反抗期になったらどうしよう？」

「不登校になったらどうしよう？」


この本では、臨床心理士の杉野と精神科医の荒田が、そんなさまざまな悩みや心配にせいいっぱいお答えします。

杉野は、親御さん向けの心理学の講座や研修も積極的にしています。荒田は、就学前相談や思春期相談も受けており、かつては少年院で診療もしていました。

そして、私たちは夫婦で、現在7歳の男の子と5歳の女の子の子育て中でもあります。

夫婦そろって心の専門家なので、子育てでも困ることがないです！……と言いたいところですが、現実はまったく違います。頭ではわかっても、実際にやってみるとうまくいかずにあたふたしたり、思わずイラッときたり、そしてへこんだり……。

みなさんと同じように、悩みや心配を抱えながら子育てをしています。

また、教育方針の違いが夫婦げんかを招くとよくいわれるように、私たち夫婦も子育てで意見がぶつかることがあります。たとえば、子どもが「抱っこ抱っこ」とせがんできたときです。

「抱っこしすぎじゃない？」

「いや、そんなことない！」

そんなとき、私たちは「実際はどれくらいの抱っこがいいんだろう」と一緒に専門書や論文を調べます。そして、確かな根拠（科学的根拠）が見つかるとやっと仲直りをして、我が家にまた平和が訪れるのです（笑）。これをくり返して、私たちの子育ての方針が決まっています。そして、それをまとめたのが、この本なのです。

「科学的根拠に基づく」という考え方は、医療では当たり前になっていて（EBM／科学的根拠に基づく医療）、もはや自己流の医者はいません（そのはずです！）。医療だけでなく、看護や教育の分野にも広がってきています。そして、さまざまな情報が溢れる子育てにも、確かな根拠が求められているというのが、私たちの実感です。

この本では、**発達心理学**、**行動遺伝学**、**進化心理学**という主に3つの学問的な視点で、子育ての悩みや心配を解決していきます。

章立ては、子育てのそれぞれの時期を、乳児期（0歳から2歳まで）、幼児期（2歳から6歳まで）、児童期（6歳から12歳まで）、思春期（12歳から18歳まで）として4つに分けています。それぞれの章は、マンガからスタートし、解説、Q&Aと続きます。順番に読むと理解しやすいですが、手っ取り早くお悩みを解決したい方は、解説は後回しにして、Q&Aを先にお読みいただくこともできます。

今、乳幼児の子育て中でも、時間のあるときに、先の章までをざざっと（マンガと気になるトピックだけでも）読むことをおすすめします。子どもの成長の見通しが立つと、今大事なことを見極めやすくなり、余計な心配を減らすことができます。

児童期や思春期の子育て中でも、関連ページをさかのぼって読んでみることで、子育ての対応を体系的に、より深く理解していただくことができるでしょう。

この本を読み進めていくうちに、子育ては「手遅れ」や「取り返しがつかない」という考え方にとらわれなくてもよいことに気づきます。そして、今、親として何ができるのかが見えてくることでしょう。

この本がよりよい子育てを目指す親御さん、さらには教育関係者や医療関係者の方々のお役に立てることをせつに願っています。

杉野珠理、荒田智史

もくじ

こんなときどうする？

2章　幼児期　2〜6歳

こんなときどうする？

3章　児童期　6〜12歳

こんなときどうする？

4章 思春期 12～18歳

こんなときどうする？

装丁　漆原悠一（tento）
マンガ、イラスト　松尾　達
組版　宇田川由美子

1章

乳児期
0〜2歳

\乳児期マンガ/

三者三様の子育て

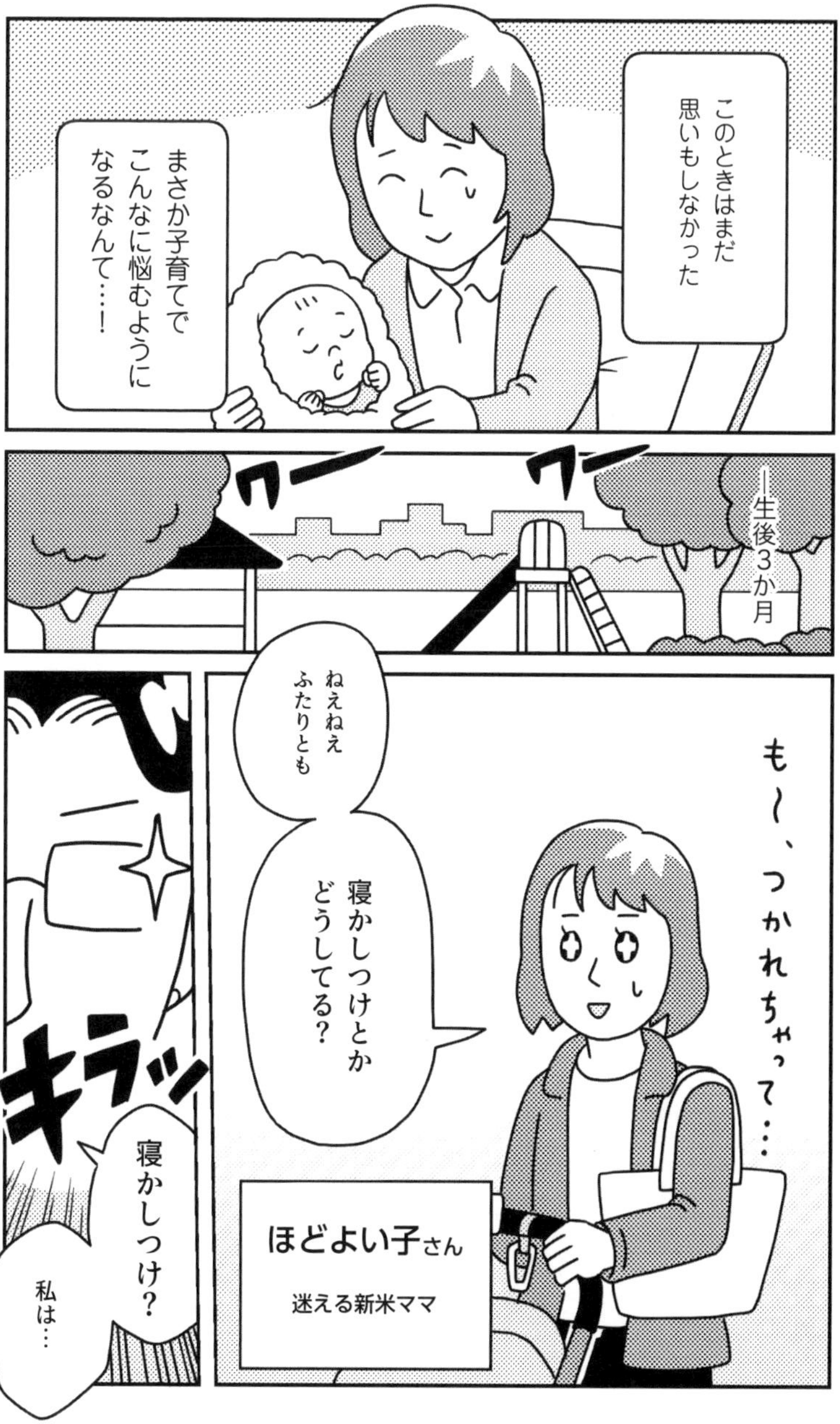
このときはまだ思いもしなかった
まさか子育てでこんなに悩むようになるなんて…!
ワー
ワー
—生後3か月
も〜、つかれちゃって…
ねえねえ ふたりとも
寝かしつけとかどうしてる?
ほどよい子さん
迷える新米ママ
キラッ
寝かしつけ?
私は…

ずっとつきっきりよ！
よ～し よし
オギャッ
ガラガラ
がんばる子さん
育児に全力投球！
えー？ 寝かしつけ？
放っておいたら勝手に寝ません？
ハハ!!
ZZZ
気まま子さん
基本的に放任主義
オギャーーー！
おー よしよし
じ…
フギャー！！
ちゃんと抱きしめてあげて～！

泣きやまないのは
愛情が不足してるからよ！
ドドドドド
え〜？
まぁまぁ〜
—その夜
も、もう限界…
ほどよい子さん宅
やっと
ねてくれた…
ボロッ…
ゼーゼー
疲れた…
スャ〜
がんばる子さんみたいに
つきっきりは
大変ね…
ボソ…
どれだけ
がんばればいいの…？

がんばる子さん宅
よーしよし
オギャー
イライラ…
いそがしい
いそがしい
…
たまには一時保育にでも預けようか？
ギロッ…！
一時保育はダメよ！
子育ては他人にやらせないの！
ムムッ
でもそんなにイライラしてたらかえって悪影響だろ
いつも家にいないくせに子育てに口出すの？
ムッ
だったら少しぐらい家事やってよ！

ムカ～～ッ
やってるだろ！洗い物とか！
食洗機に皿入れるだけでしょ？
しかも並べ方間違ってるから！
私いつも直してるんだけど？
トゲトゲ
ゴゴゴゴ
俺がやっても毎回ダメ出しばかり…
じゃあどうすればいいんだよ！
ドン！
ギャーーッ
ちょっと！大きな音出さないでよ！
バチバチ
は？俺のせいかよ！
ほどよい子さん宅
はいミルクだよ～
ごくごく…
ブブッ
がんばる子さんだ…
グループ
最近どう？
ポンッ

もうヘトヘト…！
家事は夫と分担してるけど
あと時々一時保育とかも
使ってる～
ポポンッ
うちの夫、帰るのいつも深夜だし
休日もいないか、いつも寝てる
だけだし
うちの子、パパに人見知りしてるｗ
気まま子さん宅
ふたりとも
大変なんだな～！
「こんどお茶しよ～！」
っと
もう全部
飲んだの？
えらい
ね～！
プハ

○×保育園
—生後1年
今日はお惣菜買って帰ろ〜
あ、気まま子さん！
今お迎え？
うんちょうど今保育園寄ったとこ〜
久しぶり〜〜
久しぶりだしちょっとだけお話ししない？
△○公園
そろそろ私も仕事復帰したいわ

早すぎない？　子どもがかわいそうよ
そう？
母親は子どもに全力を尽くすべき！
そう思わない？
自己犠牲の精神よ
その覚悟が大事！
イメージ
うーん…？
そうかなあ？
まあまあ人それぞれだし！
保育園のこともっと聞かせて？

ウ～～
ちょっと
ごめんね
最近
ぐずりが
激しくって
いいよ
いいよ～
よいしょっ
ヴ～～…
がんばる子さんの子って
ちょっと育てにくそう…
…がんばる子さんって子育て
ほんと気合い入ってるよね～!
すごいけどあんなに
子どもにかまってて
疲れないのかな?
う～ん
どうだろう?
気まま子さんは
逆にかまわなすぎ?
ねー
ねー
コレ
すごいよ～

もー…
ギャーッ
ギィエ〜ッ
よーしよし
チッ
ギィヤー
なんで言うこと聞かないのよ〜
こんなに私がんばってるのに…
ギャー
…!
うるさい!
ビクッ
ハッ
あ、ご…ごめんね
シーン
ギャア
アアア
アアッ
あ゛〜

ズ〜ン
私がんばってるのに…
どうしてうまくいかないの？
うちの子ほんと
手がかかんなくてラクだよ〜
♫
じ〜
これってどっちの
育て方が
正しいの…!?
ゴクリッ
?
ドドドドドド

1章のキーワード

3歳児神話

愛着

安全基地

反応性愛着障害

敏感期（臨界期）

子どものHSP

スマホ育児

ほどよい母親

親のアンガーマネジメント

「赤ちゃん部屋のおばけ」

乳児期とは、まさに乳児の期間で、だいたい0歳から2歳になります。この時期の発達段階は、親をはじめとする家族から無条件に大切にされていると感じるようになる、つまり**心のよりどころ**を育むことです。家を建てることに例えるなら、土台づくりの時期です。

乳児期の子育てをしているみなさんは、マンガに登場するがんばる子さん、気まま子さん、ほどよい子さんのどのママに自分を重ね合わせましたか？ もしかしたら、あるシーンではがんばる子さん、あるシーンでは気まま子さんと、3人それぞれに自分の子育てを重ね合わせながら読まれたかもしれませんね。

それでは実際のところ、乳児期はどんな子育てをすればいいのでしょうか？ がんばる子さんのようにつきっきりになればいいのか、気まま子さんのように気楽にやればいいのか、それとも……。

ここから、科学的根拠を踏まえてその答えを一緒に探っていきましょう。

子どもが3歳になるまでママは一緒にいた方がいいの？

がんばる子さんのセリフに、「泣きやまないのは愛情が不足してるからよ！」、(仕事復帰することに対して)「子どもがかわいそうよ」という意見(忠告？)がありました。これは、「子どもが3歳になるまではいつもママが一緒にいないとその後の成長に悪い影響が出る」という考え方、いわゆる「**3歳児神話**」です。実際、どうなのでしょうか？

この考えは、発達心理学の**愛着理論**(ボウルビーによる、1951)がもとになっています。**愛着**とは、赤ちゃんがママ、パパ、おばあちゃんなどの特定の養育者たちにくっついていたいと思う気持ちです。その気持ちが、家族には甘えて馴れ馴れしくさせ、他人には人見知りしてよそよそしくさせます。この愛着によって、赤ちゃんは自分を無条件に大切にしてくれる安心で安全な「心のよりどころ」(**安全基地**)があるんだと確信していきます。

この安全基地は、その子が安心して家族以外の他人とかかわったり、その先に広がる世界（社会）を信頼するための土台となります。これは、**基本的信頼感**（エリクソンによる／図1）と呼ばれ、「自分は生きていて大丈夫だ」という**自尊心**（自尊感情）や**性格**（パーソナリティ）とも深い関係があるといわれています。

もし愛着がうまく育まれないと、家族によそよそしかったり、逆に他人に馴れ馴れしかったりするようになります。この状態は**反応性愛着障害**と呼ばれていて、他人との距離感や関係性で困ってしまう状態です。これでは、適切な人間関係を築くことや、社会とうまくかかわることができず、さまざまなメンタルヘルスの問題を引き起こすおそれが指摘されています（参考文献※1／350ページ／以下すべて）。

愛着は、赤ちゃんがおっぱいを欲しがったときに、ママが察しておっぱいをあげることをくり返すことで、だんだんと高まっていきます。

脳科学的にいえば、このとき**オキシトシン**というホルモンがママと赤ちゃんの脳内

〈図1：エリクソンによる発達の段階とその課題〉

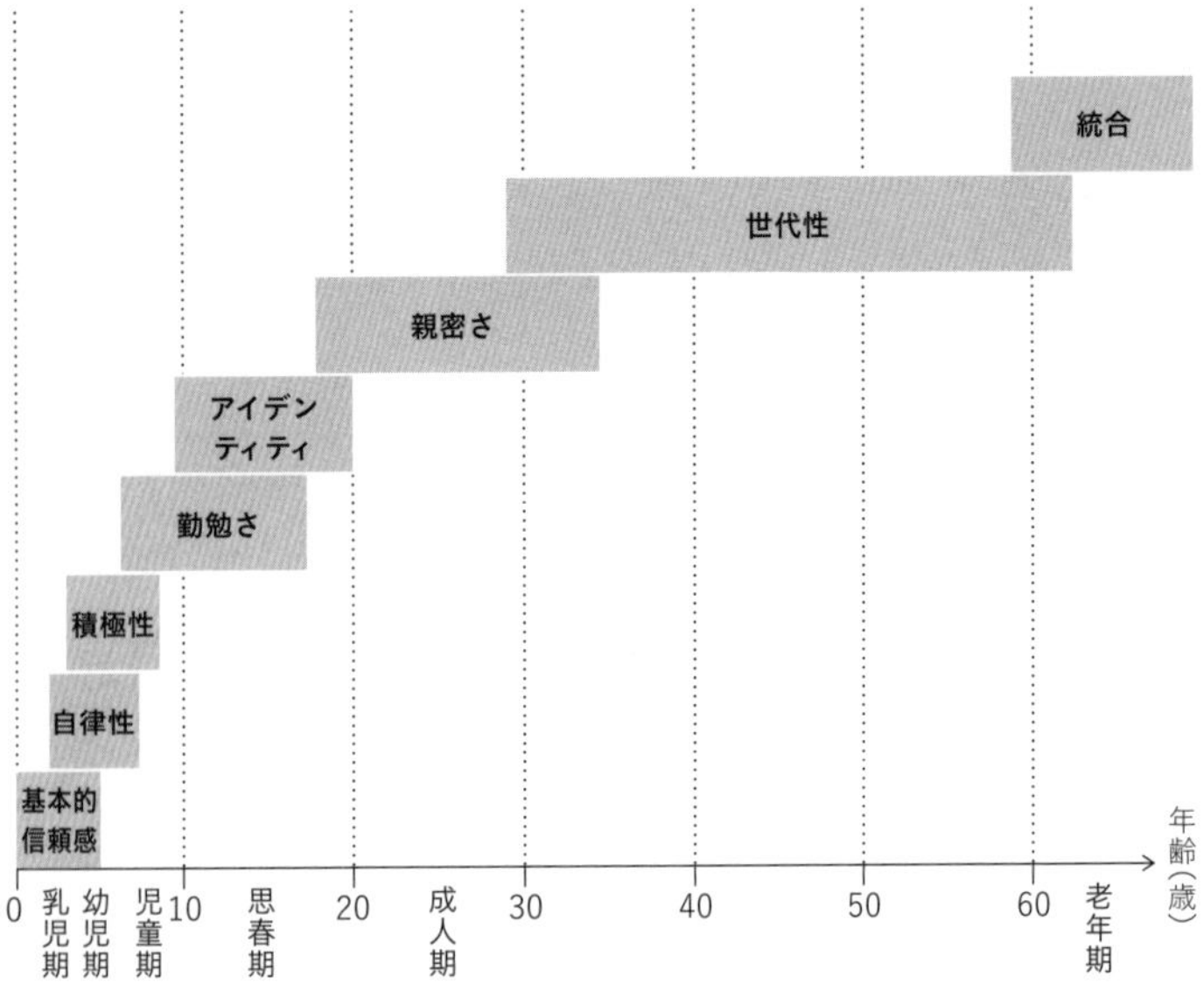

基本的信頼感…自分の味方になってくれる誰かがいると思うこと
自律性…自分で自分をコントロールすること
積極性…自分で考えて行動したいと思うこと
勤勉さ…自分から進んで期待に応えたいと思うこと
アイデンティティ…自分とはこういう人間であると納得すること
親密さ…特定の誰かと一緒にいたいと思うこと
世代性…子どもや後輩を育てたいと思うこと
統合…自分の人生に満足すること

で同じように分泌されます。すると、ママはますますおっぱいが出やすくなり、赤ちゃんはますます抱っこや肌の触れ合いを求めるようになります。そして、おっぱいだけでなく、抱っこしたり、微笑んだり、優しく声がけしたり、オムツ替えしたりすることなどでも、オキシトシンが高まることがわかっています。ママに限らず、パパやおばあちゃんが赤ちゃんのお世話をしても、オキシトシンが高まるのです。これが、オキシトシンが授乳ホルモンであると同時に、「愛情ホルモン」「愛着ホルモン」「絆ホルモン」ともいわれる理由です。愛着はその養育者が特定の誰かであれば誰でも育むことができることがわかっています。つまり、一緒にいるのはママでなくても問題はないのです。

愛着を育むタイムリミットがある

愛着は、その基礎を育む期間に期限があります（**敏感期／参照1**）。つまり、安全基地の土台づくりは、時間切れになってしまうことがあるということです。それは、まさに乳児期が終わる2歳までということがわかっています（図2）（※2）。

〈図2：愛着形成の敏感期〉

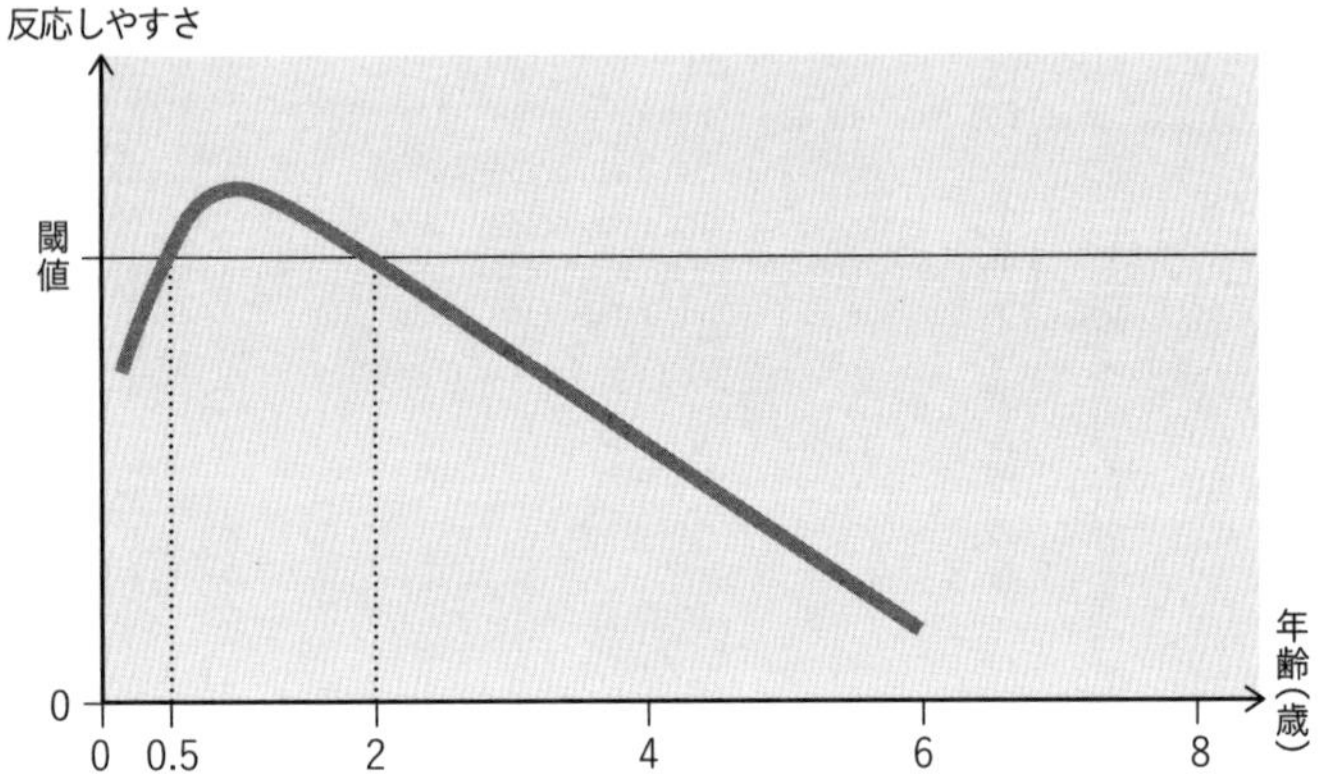

※著者により作成

実際に、海外の孤児の調査（※1）において、生後6か月以内に養子になった子どもは愛着の問題が見られず、生後6か月から2歳までに養子になった子どもは愛着の問題が一時的に見られて後に劇的に改善し、2歳以降に養子になった子どもは愛着の問題が残る場合があることがわかっています。ちなみに、このタイムリミットについてはさまざまな意見があり、6歳までは愛着形成が緩やかに続くと指摘する専門家もいます（※3）

参照1 敏感期（臨界期）：子どもの発達において、感覚や運動などの能力の獲得ができる決まった期間のこと。その期間を過ぎると、獲得しにくくなること。これは、特定の刺激に対して脳（脳神経ネットワーク）が敏感に反応する時期と反応しにくくなる期限があることを意味する。期限があるのは、次のステップ（発達段階）に進むために必要な脳のメカニズムであると考えられる。具体的には、絶対音感・運動能力・言語習得能力なども、獲得するのに限界の時期があるとされる。

どの程度一緒にいるべき？

それでは、養育者は赤ちゃんが愛着、つまり安心できる心理の土台をつくるためにどの程度一緒にいるべきなのでしょうか？　リミットとされる2歳まで、いつも一緒にいなければならないのでしょうか？

この点で愛着理論が拡大解釈されています。そしてそれを、がんばる子さんをはじめ多くの人が鵜呑みにしている現状があります。マンガでは、いつも赤ちゃんにべったりで献身的ながんばる子さんに対して、仕事復帰が早く、赤ちゃんと一緒にいる時間が短い気まま子さんが対照的に描かれています。いわゆる「3歳児神話」によって、私たちはあたかも一緒にいる時間が長い方が強固な安全基地が育まれる、と思い込んでしまいがちですが、実際は決してそうではありません。

愛着は、赤ちゃんが生きていくために必要な本能的な能力ともいえ、主な養育者と一緒にいる時間が長いか短いかといった、その程度のことで脅《おびや》かされるものではありません。影響するのは、もっと極端な環境、先ほど紹介した孤児のケースや**虐待**を受けた子どもなど、特定の養育者がいないまれな生い立ち（家庭環境）の場合に限定されます。つまり「いつも」「べったり」しなくても、ほどほどに一緒に生活していれば、しっかりと愛着は育まれるということです。

自尊心や性格は家庭環境で左右される？

ほどよい子さんは、がんばる子さんと気まま子さんの対照的な子育てを目の前にして、「どっちの子育てが正しいの？」と迷い混乱していますね。子育て中の親御さんであれば、自分がどんな子育てをするかで子どもの将来が決まる、そんなプレッシャーを感じる人もいらっしゃることでしょう。

実は、親の子育てに違いがあったとしても、育てられたその子どもが大人になったときの自尊心や性格には変わりがないということがわかっています。これは、**行動遺伝学**（**参照2**）に基づく研究結果で、大人になったときの自尊心や性格について、遺伝、**家庭環境**、**家庭外環境**（**参照3**）による影響度が算出されています（図3）。

〈図3：自尊心、性格への影響度〉

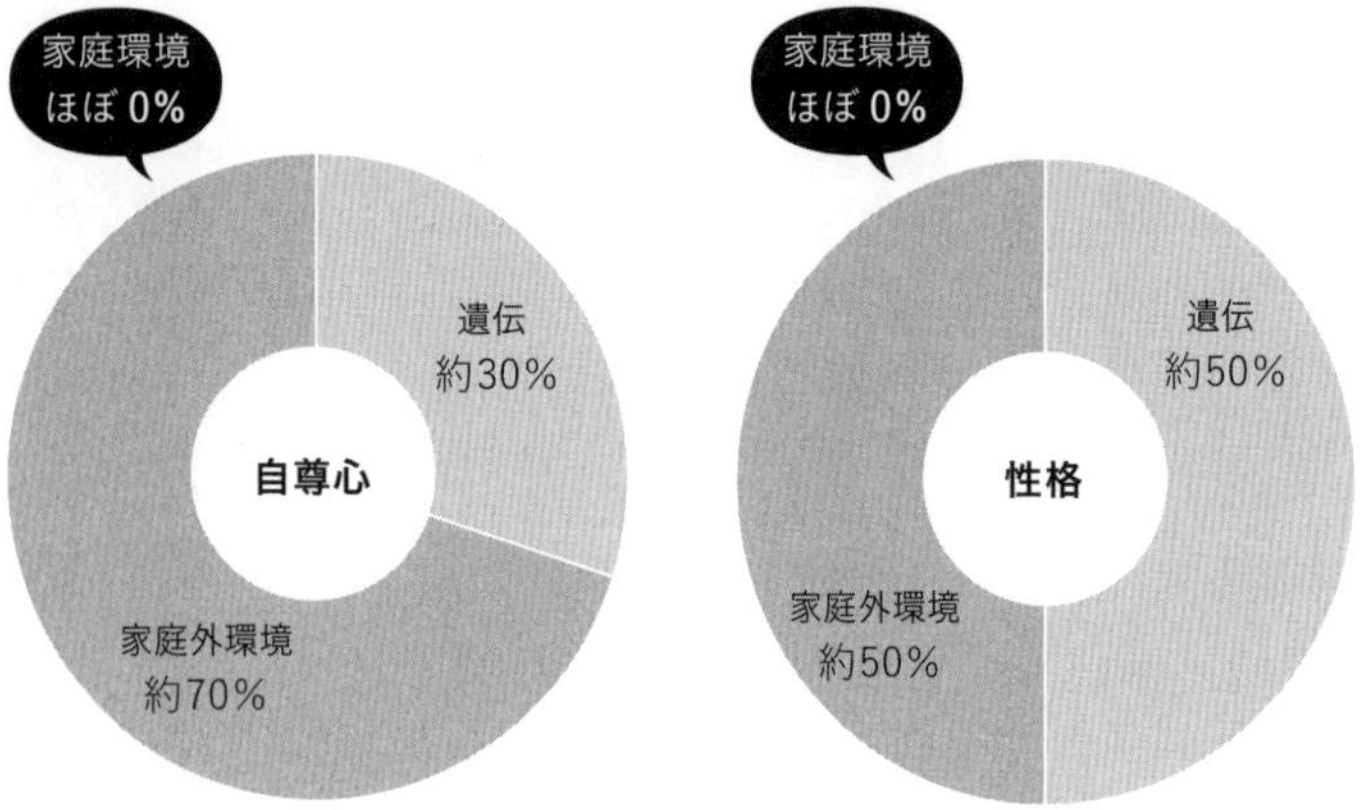

家庭環境の違いが子どもの自尊心や性格に及ぼす影響は、なんと驚いたことにどちらも0パーセント（※4）。つまり、がんばる子さんの家庭であっても、ほどよい子さんの家庭であっても、気まま子さんの家庭であっても、シングルマザーやシングルファーザーの家庭であっても、それぞれの家庭で多様な子育てが行われていても、育てられたその子どもが大人になったときの自尊心や性格に変わりがないということです（虐待などがあるケースは除く）。

ちなみに、自尊心（自尊感情）において、遺伝、家庭環境、家庭外環境の

参照2　行動遺伝学：一卵性双生児（遺伝子一致率100パーセント）と二卵性双生児（遺伝子一致率50パーセント）の行動（心理的・行動的形質）が、それぞれにどのくらい一致するかを比較する**双生児法**を主に用いる。簡単に言うと、一卵性双生児の行動の一致率が100パーセントにならない場合、その差し引かれた分（それだけ似させまいとする要素）が家庭外環境（非共有環境）の影響となる。また、一卵性双生児の行動の一致率に二卵性双生児の一致率が50パーセントを超えて迫ってきている場合、その迫ってきている分（それだけ似させようとする要素）が家庭環境（共有環境）の影響となる。ここから、ある行動における遺伝、家庭環境、家庭外環境のそれぞれの影響度を算出することができる。

参照3　家庭環境と家庭外環境：「家庭環境」「家庭外環境」という言い回しは、わかりやすさを優先して便宜的に言い換えられたもの。物理的な家庭の内か外かという意味ではなく、必然的に一緒にいる親からの影響（共有環境）か偶然的に出会う親以外（友人関係、学校や職場の人間関係）からの影響（非共有環境）かという意味。

影響度は、約30パーセント：0パーセント：70パーセントであることがわかっています。また、どの性格の特性（**ビッグファイブ**など／**参照4**）においても、遺伝、家庭環境、家庭外環境の影響度は、概ね50パーセント：0パーセント：50パーセントであることがわかっています。つまり、自尊心や性格のどちらにしても、影響を受けるのは遺伝と家庭外環境（友人関係、学校や職場の人間関係）であって、家庭環境（子育て）ではないのです。

なお、ここで誤解がないようにしたいのは、家庭環境の影響度が0パーセントだからといって、家庭（子育て）はいっさい不要だという意味ではありません。あくまで、家庭環境の「違い」による影響がないという意味です。

参照4　ビッグファイブ（図4）：人の性格は5つの要素の組み合わせで構成されるという考え方のこと。5つの要素は①外向性、②協調性、③誠実性、④情緒安定性、⑤開放性で、それぞれの特性の程度がその人の性格の個性をつくるとする理論。

〈 図4：ビッグファイブ 〉

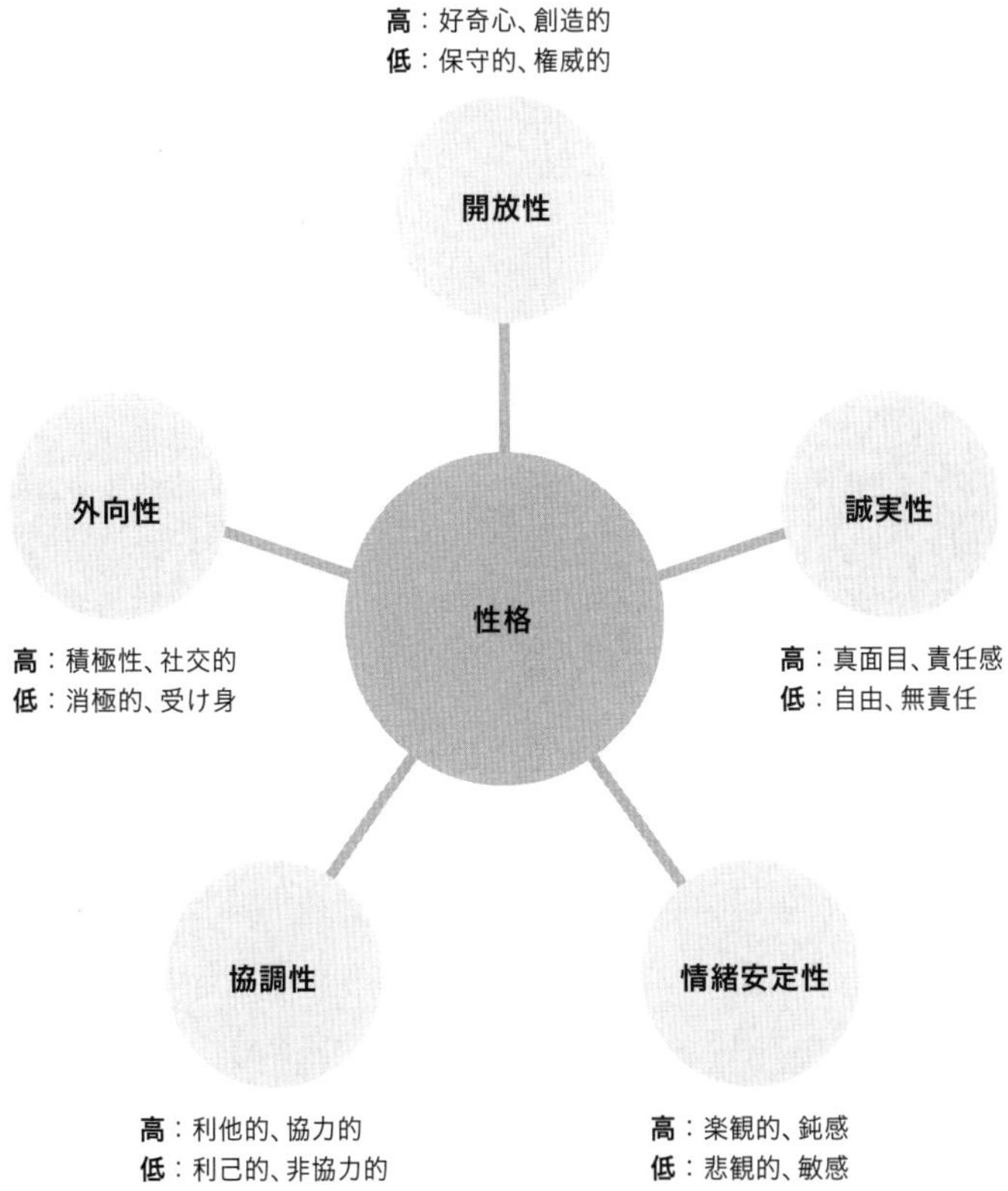
高：好奇心、創造的
低：保守的、権威的
開放性
外向性
誠実性
性格
高：積極性、社交的
低：消極的、受け身
高：真面目、責任感
低：自由、無責任
協調性
情緒安定性
高：利他的、協力的
低：利己的、非協力的
高：楽観的、鈍感
低：悲観的、敏感

過保護な子育てのリスクは？

子育てに違いがあっても、その子が大人になったときの性格には変わりがない、という結論に、ショックを受けたり、拍子抜けしてしまう親御さんもいらっしゃることでしょう。ただし、がんばる子さんのように、ママがべったりの子育てには、あるリスクが出てきます。

そのリスクとは、いつも一緒にいるから育てやすい子になるかと思いきや、実は逆に育てにくい子になってしまうことです。どういうことでしょうか？　その原因は大きく２つあります。

①こだわりが強まる

がんばる子さんは、寝かしつけにつきっきりで、気まま子さんにまで抱っこを迫ったことから、全身全霊、全力で子どもの要求に応えていることがうかがえます。もちろん、彼女の一生懸命な気持ちはよくわかります。しかし一方で、子どものギャン泣き（かんしゃく）は続いています。

1つ目の原因は、養育者がいつも一緒にいて思い通りになる状況が子どもにとって当たり前になってしまい、ちょっとでも思い通りにならない状況には我慢しづらくなる、つまりこだわりが強まることです。

ギャン泣きすることで要求が通ることがくり返されると、すべての要求が通るという生活スタイル（こだわり）を強めていきます。つまり、思い通りになることがギャン泣きの「ご褒美」になってしまうのです。

ある刺激（ギャン泣き）と反応（要求が通ること）の結びつきが強まることを心理学では、**強化**といいます。これは、要求が通らないこともある、という学習ができなくなっている状態です。もちろん、要求がまったく通らないことは愛着形成の面で問題ですが、だからといってすべての要求が通ることも問題です。夜泣きへの対応については、Q1（56ページ）もご覧ください。

がんばる子さんの子どもは、パパに人見知りをしていたり、他のママが一緒にいる状況で落ち着かなくなったりしています。

②過敏になりやすくなる

2つ目の原因は、特定の養育者がいつも一緒にいる状況が当たり前になってしまい、それ以外の人が一緒にいる状況に慣れていかなくなる、つまり過敏になりやすくなることです。

赤ちゃんは、半年目から人見知りが出てきます。これは、親以外の人とのかかわりを不安がりながらも求めようとする社会性のサインです。がんばる子さんのようにママだけがいつも一緒にいるのではなく、同時にまたはその時々で、ほどよい子さんや気まま子さんのようにパパやおばあちゃん（おじいちゃん）、さらには保育士さんなど、ママ以外の対人的な刺激を早い段階で受けていると、人見知りで過敏になることは減るでしょう。そうすることで、子どもは外の世界への不安よりも外の世界への興味が上回り、より豊かな発達が進むのです。

これを心理学では、**馴化**《じゅんか》、または**ストレス耐性**といいます。一度**強化**されたこだわりも、我慢させられる刺激（状況）をくり返し受けて慣れていくことで、弱めることができます。もっと言えば、このように、生きていく上でのさまざまなストレスによって、人間的に成長していきます。これを心理学では、**ストレス関連成長**（SRG）といいます。

コロナ禍では、子どもが自宅でママ（パパ）とふたりきりになる時間が増えたご家庭もあったでしょう。これは、清潔にしすぎるとアレルギーになりやすいのと同じように、外の刺激が少なすぎると、外の世界への「心のアレルギー」になってしまうリスクがあるといえます。

もちろん、行動遺伝学の研究結果から、大人になったときのこだわりや過敏さの程度に、育て方の違いの影響はありません。ただし、過保護な子育てによって「我慢慣れ」や「人慣れ」が遅れていると、親が苦労するというわけです。

育てにくさの正体

ここで私たちからお願いがあります。それは、育てにくいからといって、育て方に問題があると自分を責めないでほしいのです。

マンガでは、がんばる子さんの子どもは敏感な様子があり、一見「育てにくそう」です。一方で気まま子さんの子どもは聞き分けがよさそうで、「育てやすい」ように見えます。この違いを、がんばる子さんの子育てが過保護なせいだ、と決めつけないでほしいのです。

育てにくさの原因は、育て方だけではなく、その子その子の個人差（遺伝）もあげられます。もともと神経質であるとか、慎重で怖がりであるといった、その子が持って生まれた気質や、発達がゆっくりであることや、こだわりや過敏さなどの特性がもともと強いといった発達の偏りなどが、色濃く影響します。ちなみに最近では、「**子どものHSP**」（**参照5**）ととらえられることもあります。

その子が持って生まれた気質は、変えようのないもの。子育てをするなかで「育てにくい」と感じたとしても、「育て方がいけないのでは？」などと自分を責めず、「それもこの子の個性」と受け止めてあげるのが、背負いこまない子育ての秘訣です。

参照5　子どものＨＳＰ：ＨＳＰとは、"Highly Sensitive Person"の略で、「過敏な人」という意味。アメリカの心理学者アーロン博士によって提唱され、「繊細さん」という呼び名で近年注目されている。子どものＨＳＰは、その子どもバージョン。ただし現時点では心理学や精神医学でアカデミックに確立された概念ではなく、むしろ、心理学における性格特性の情緒安定性や外向性の低さ（ビッグファイブ／参照４および図４）、精神医学における発達特性（自閉スペクトラム症のこだわりや過敏性）に含まれると解釈されている。

カウンセリングの現場から

杉野は、臨床心理士として自治体や企業で親御さん向けの講座をしたり、子育てで悩むママから相談を受けてカウンセリングをすることもあります。彼女たちからよく聞かれるのは、「ママ友の子どもはもう言葉が出てる」「自分の子はまだ歩いてないけど、大丈夫だろうか」と、周りと比べることによる焦りや心配の言葉です。これはまさに「発達競争」です。その発言の傾向から、発達の度合いが、「ママとしてのがんばり具合」「ママとしての優秀さ」だと、無意識にとらえてしまっている人が多いことを感じます。当然ですが、発達の早い、遅いには個人差があります。短期的な視点で一喜一憂せず、その子らしいスピードで成長していくことをどんと構えて見守る姿勢を持ちましょうと、お伝えしています。

スマホ育児はしてもいいの?

がんばる子さんのべったり育児のリスクに触れましたが、では気まま子さんの放任的にも見える育児に問題はないのでしょうか？　印象的だったのが、気まま子さんの赤ちゃんが、ずっとタブレットを見ている姿です。いわゆる**スマホ育児**です。育児にスマホやタブレットを使ってもいいのでしょうか？　これには賛否両論の意見があります。

日本小児科医会は、啓発ポスターで「スマホに子守りをさせないで！」と呼びかけています。ポスターには「ムズかる赤ちゃんに、子育てアプリの画面で応えることは、赤ちゃんの育ちをゆがめる可能性があります」とありますが、残念ながら、明確な科学的根拠があるわけではありません。

スマホ育児のメリットは、子どもがスマホ画面を見ている間、養育者の負担が減ることです。適度に取り入れるなら、それはそれでいいことのように思えます。

しかし一方で、あまりにもスマホに頼ってしまうと、スマホを手放さなくなり、取り上げたらギャン泣きするような子どもも出てきています。そうなると、親やお友達との触れ合いや身の周りのしくみや自然など、スマホ以外の刺激に相対的に興味が失せてしまい、目が向かなくなります。すると、豊かな発達が育まれなくなるリスクが出てきます。実際に、そう指摘する専門家もいます（※5）。

スマホ育児の有害性について科学的根拠がない一番の理由は、子どもがハマるアプリや映像が次々と出てくるスピードに、その有害性を検証する研究が追いつかないことにあります。

今その有害性が示されていなくとも、将来的に証明されて、禁止されることだって十分に想定されます。実際に「コカ・コーラ」がそうでした。コカ・コーラの「コカ」の語源はコカインという麻薬で、コカ・コーラは発売当初、覚醒作用のためにコカインが入っていたのでした。もちろん現在は禁止されているためカフェインで代用していますが、今から考えれば恐ろしいことです。子どもへのスマホの有害性についても、かつてのコカ・コーラのように、あとから判明する可能性だってあるのです。なぜなら、コカインもスマホも、自然界になくて、人工的に造られた依存性の強い刺激という点では同じだからです。

結論としては、スマホ育児は、絶対にだめとは言い切れないのですが、なるべくなら避けた方がいいといえます。なお、**依存性**の問題とはまったく別に、**視力障害**のリスクもあります。特に乳児期と幼児期は、視力が未発達で立体視ができません。長時間、スマホ画面に釘づけになっている場合は、近視になるリスクが高まるとの研究結果が出ています（※6）。

もしも、すでに子どもが自らスマホを求めるようになり、渡さないとギャン泣きするようになっている場合は、「スマホ依存症」の疑いがあります。その治療のためには、薬物依存症の断薬と同じように、いったん「スマホ断ち」、つまりスマホを子どもの目に触れないようにする必要があります。なお、「スマホ依存症」からつながる**ゲーム依存症**については、児童期（204ページ）で詳しく解説しています。

以上から、子育ては、いくらがんばる子さんのようにべったりつきっきりでやらなくていいとはいっても、必ずしも気まま子さんのようにゆるく無頓着にしてもいいというわけでもないことがわかってきます。

これは、発達心理学で推奨される**ほどよい母親（グッド・イナッフ・マザー**、ウィニコットによる）に通じます。小児精神科医の大家であるウィニコットが理想の母親像として掲げる「ほどよい母親」とは、「無理をせずにほどほどに」という意味で、「よりよい」という意味ではありません。たとえばそれは、常に的確に赤ちゃんの要求に応える養育者でもなく、特別な子育てのスキルや強い情熱を持つ養育者でもないということ。つまり、がんばる子さんのようにパーフェクト・マザーを目指さないということです。

「ほどよい母親」とは、適度に子どもに愛情を注ぐことができる、ごく一般的な養育者のことです。もっと言えば、少々不完全である方が、子どもの適切な成長をうながすということです。

なお、「マザー」は、あくまで原文表記であり、「ほどよい養育者」と言い換えることができます。

まとめ

1 発達心理学の研究から、愛着はその養育者が特定の誰かであれば誰でも育むことができる。

2 行動遺伝学の研究から、養育者が一緒にいるのは、いつもではなくても問題ない。

3 家庭環境の違いによって、自尊心や性格は基本的に変わらない。

4 赤ちゃんの要求に全力で応えてしまう「べったり育児」では、逆に育てにくい子になってしまうリスクがある。

5 スマホ育児は、豊かな発達が育まれなくなるリスクがある。

こんなとき
どうする？
Q1

夜泣きしていたら？

ずっとつき添う
△

泣かせっぱなしにする
○

対応しない時間を
ちょっとずつ増やしていく
◎

A

「ずっとつき添う」のは、親御さんにとってかなりの負担になり、育児疲れ（燃え尽き）のリスクがあるため、おすすめはしません。毎回の対応は、夜泣きへの「ご褒美」（強化／45ページ）になってしまう懸念もあります。

「泣かせっぱなしにする」のは、一見放置している状態でネグレクト（育児放棄）が心配されます。しかしながら、日中に適度なかかわりがあれば、問題がないという研究結果が出ています（※7）。これは、「クライアウト（Cry it Out）」と呼ばれ、赤ちゃんのときから一人寝させる欧米では主流のやり方。ただし、欧米圏よりもアジア圏の人種の方が、遺伝的に不安をより感じやすいことがわかっていることと（※8）、アジア圏の多くの家庭で添い寝をしている現状から、一人で寝るのは、もっと先の方が無難でしょう。

3番目の選択肢は、赤ちゃんが夜泣きに慣れ、夜の不安をコントロールできるようになる方法として、アメリカ小児科学会でも推奨されています。そのために、たぬき寝入り（寝たふり）も、有効なテクニックの1つといえるでしょう。

「抱っこ抱っこ」と せがまれたら？

ずっとする

△

あまりしない

×

疲れない程度にする

○

A

抱っこしてばかりだとそれが当たり前になり、抱っこしないと泣きやまなくなる、いわゆる「抱き癖」を心配する人は、古い世代の方にいます。確かに、過保護な子育てのリスク（44ページ）として、とらえる気持ちはわかります。特に乳児期の抱っこは**愛着形成**のために必要だということはすでに述べた通りです（35ページ）。つまり、抱っこに限っては、こだわりとして制限する必要はありません。

ただし、ワンオペ育児で抱っこをし続けるのは無理があります。理想は一人で抱え込まず、パパやママ、おじいちゃん、おばあちゃん、兄や姉などの家族や、特定の預け先（保育ママなど）など複数の愛着対象を確保して、ローテーションを組むこと。育児疲れ（燃え尽き）にならないことが大切です。

ちなみに、抱っこと並んで**指しゃぶり**も、悪癖としてやめさせるよう指摘する人がいますが、指しゃぶりは、おっぱいの代わり（愛着の移行対象）としての役割があり、日常生活に困ることがなければ、無理にやめさせる必要はないでしょう。

子どもの前で夫婦げんかをしそうになったら？

やらないように我慢する

△

気にせずにやる

△

やったあとに仲直りを見せる

○

A

マンガのなかで、がんばる子さん夫婦が言い争っているシーンがありました。夫婦げんかはある程度はしかたのないこと。しないに越したことはありませんが、子どものためにと無理に我慢するのも不健全。歩み寄りができなくなって、夫婦関係が冷え切ってしまえば、結果的に子どものためにもなりません。

しかし問題は、その頻度です。日常的に激しい夫婦げんかをしている場合、それを間近で見ている子どもにとっては大きなストレスです。怒鳴り合いが日常的に起こる心理的虐待のレベルでは、脳へのダメージ（脳神経細胞の抑制）が確認されたという研究結果が出ています（※9）。

大切なのは、けんかそのものではなく、けんかのあとどうなるかです。なるべく頻度は減らしつつ、けんかしてしまったら、その後にあえて子どもの目の前で仲直りしている様子を見せることです。お互いに「ごめんね」と言い合ったり、わかりやすく握手したり抱き合ったりするのです。これは、子どもを安心させるだけでなく、仲直りのよいお手本（**モデリング**／123ページ）にもなります。

ギャン泣きが止まらないときは？

抱っこし続けて根気強く話しかける

△

泣き疲れるまで離れて待つ

○

興味を引くものを見せる

○

A

子どもの激しいぐずりに対して、「根気強く話しかける」のは立派な対応ですが、いつ、どんなときも穏やかに接するのは至難の業です。マンガでがんばる子さんが最後に子どもに怒鳴ってしまったように、育児疲れ（燃え尽き）の可能性を高めます。気持ちが途切れてしまう前にできることとして、ときには「(安全な場所だと確認した上で)泣き疲れるまで離れて待つ」というのも手です。これは**親のアンガーマネジメント**の取り組みです。煮詰まったら、無理をせず、いったんその場を離れること（**タイムアウト**）は、心の余裕を取り戻すために効果的です。

また、外出中で周りに迷惑になりそうなときには、新しいおもちゃやお菓子など「興味を引くものを見せる」のも有効です。これは、心理学で**場面転換**と呼ばれる手法。我々（杉野と荒田）はこれを「レスキュー」と呼んでいました。いざというときのために、カバンなどに隠し持っておくのです。とっておきにしておくために、普段は新しくおもちゃやお菓子を与えないようにもしていました。

なかなか時間内に食べなかったら？

食事を終わらせる

○

無理やり食べさせる

×

毎回食べるまで時間を延ばして待つ

△

A

自分のペースで食べるのをある程度待ってあげることは大切ですが、「毎回食べるまで時間を延ばして待つ」ことをしていると、だらだら食べることを強化(45ページ)してしまう可能性があります。

だからといって「無理やり食べさせる」のは、子どもに苦痛を与え、身体的虐待のおそれがあります。しかも、親の負担も増します。

そもそも食べたくないときだってあります。1食抜いてもそれで病気になることはまずありませんから、思い切って「食事を終わらせる」ことです。むしろ時間内に食べないとそれ以上食べられないことを学習するので、結果的に時間内に食べるようになります。特に、1歳から出てくるイヤイヤ期(第一次反抗期)では、食べ物で遊んだり、お店で騒いだりします。こんなときも同じように、いったん食事を終わらせたり、いったんお店から出たりすることで、思い通りにならないという学習(ルールの学習)を子どもにうながすことができます。これは、トラブルの回避にもなり、親の負担を減らします。

お友達を
押し倒したときは？

「押すのはだめ」と
厳しく叱る

△

特に何も言わない

×

「お友達は痛いって
言ってるよ」と伝える

○

A

叱られてルールを理解するのは、前頭葉が発達する幼児期（2歳〜）以降です。

乳児期（0〜2歳）に叱っても効果は乏しく、むしろ恐怖を与えるだけになります。だからといって何も言わないのは、対人的なコミュニケーションの学習がうながされないため、不適切です。

お友達を押したり噛みついたり傷つけてしまったときは、相手の気持ち（痛み）を情緒的に伝えてあげると、共感性が育まれます。同様に日常生活のなかでも、どんどん気持ちを言葉にしていくこと（**感情の言語化**）をおすすめします。子どもがギャン泣きしているときには、「痛かったんだね」「嫌だったんだね」「怒ってるんだね」「悲しかったんだね」と、どんな気持ちなのかを言葉にしてあげるのです。するとその子自身が言葉によって自分の気持ちを自覚できるようになり、落ち着くための助けとなります。ネガティブな共感だけでなく、「嬉しいね」「楽しいね」とポジティブな気持ちを言葉にすることも、共感性を高めるために効果的です。

子どもをかわいがれない
と思ったときは？

かわいがるべきだと
自分に言い聞かせる

×

かわいがらない

△

家族に相談して、
いったん子育てから離れる

○

A

子どもをかわいがれないと思うのは、育児疲れ（燃え尽き）や産後うつ（うつ病）のサインです。マンガのがんばる子さんのように、真面目で抱え込む性格、家族が子育てに非協力的なこと、頼れる親族が近くにいないことなどが、主なリスク要因。ネガティブな気持ちが続く場合は、心療内科や精神科を受診する必要があります。

いっそのこと「かわいがらない」というのは、もちろん子育てのストレスから離れる点では意味がありますが、これだけではネグレクトのリスクがあります。

最善策は、やはり誰かに相談することです。そして、「かわいがれないときもある」「でもがんばってきた」という自分へのねぎらいやいたわりの気持ちを持った上で、子育てのストレスから一時的に離れる調整をすることです。家族に相談することが難しい場合は、自治体の相談窓口を頼りましょう。保育施設利用の優遇や児童相談所への一時保護など、なんらかのサポートを得られるはずです。

子育てで親御さん自身の子ども時代の記憶が呼び起こされ「子どもをかわいがれない」こともあります。詳しくはコラム①（72ページ）をご覧ください。

いつから仕事復帰するか迷う……

子どもが小さいときはしない ○

生まれたらすぐにする ○

タイミングを見ながらする ○

A

一緒にいるのはいつもでなくても、ママでなくても、問題ないということは、すでにお伝えした通り（35ページ）です。保育施設に預けたり、家族のサポートが得られたりすれば、仕事復帰する時期が早くても何ら問題はありません。

マンガのがんばる子さんのように子育てに専念するのも素晴らしいことです。ただし、彼女が力説した「自己犠牲」という言葉は気がかりです。このような義務感で子育てをすると、ときに何のために生きているのかがわからなくなることがあります。これを心理学では**アイデンティティ拡散**といいます。子育てが自分のアイデンティティになってしまい、自分の人生を子どもの人生に重ね合わせるようになります。子育てを通しての生き直しです。子どもの成長を自分のことのように喜び、幸せに感じる一方で、子どものことがいつも心配で、出来不出来に一喜一憂します。これを心理学では**バウンダリー（心理的距離）がない**といいます。こうしたケースでは、子どもが成長しても自立を受け入れられず、進学先や仕事、交際相手にまで口出しを続けてしまうことも。詳しくは思春期（255ページ～）で解説しています。

コラム①　子育ての「苦しさ」の正体

「子どもをかわいいがれない」「子育てするのがつらい」「子どもの笑顔を憎らしく思ってしまう」など、楽しく幸せなはずの子育てで思いもよらぬ感情に襲われ、罪悪感を覚えてしまうという親御さんは少なくありません。このような苦しい子育ての正体を紐解いていくときに役立つのが、**「赤ちゃん部屋のおばけ」**（フライバーグによる）です（※10）。

これは、特にママが、自分の子育てを通して、かつて自分がどんなふうに自分の母親から子育てをされてきたかを思い出すことです。幸せな記憶を思い出す一方、不幸せな記憶を思い出すこともあります。自分の赤ちゃんの泣き声などによって、得体の知れない不安が湧いてきて、赤ちゃんを抱っこしながら、その気持ちを抑えられなくなってしまうことも。それは、まるで遠い記憶の彼方にあったかつての亡霊が急に現れるような感覚だといわれています。

かくいう私（杉野）も、そんな気持ちに襲われた一人です。あれは息子がまだ小さい頃、ふと彼に対してうらやましさと同時にいら立ちを覚えたのです。「なぜこんなにも恵まれているのだろう。私のときは違ったのに……」と。その後私はこの「赤ちゃん部屋のおばけ」の話を知り、精神科医の夫にも相談しました。自分の子ども時代の「心の傷」が再体験され、子育てがつらくなってしまうのではないか。自分の「心の穴」を埋めるために、無意識に同じような子育てを再演してしまう（生き直しをしてしまう）のではないか。そんな不安をぶつけました。

このように苦しさの正体を自覚することは、それ自体が自分自身への癒しとなります。このときまず大切なのは、自分の生い立ちを冷静に振り返り、自分の生き方を客観視することです。そして、その「心の傷」や「心の穴」に対して、自分自身をいたわり、ねぎらってあげることです。心理学では、これを**セルフコンパッション**と呼びます。自分一人で直面するのが難しい場合は、臨床心理士や精神科医のカウンセリングが役立つでしょう。

他人をケアするには、まず自分自身がケアされている必要があります。まずママやパパの幸せが第一です。その大前提があってこそ、子どもの幸せがあるといえるでしょう。

コラム②　子育ては本能なの？

世の中では、「子どもは産んだらかわいいと思うのが普通」という意見がよく聞かれます。その一方で、「かわいがれない私はおかしいの？」と苦しむママたちの声もよく聞かれます。果たして、子育ては本能的なものなのでしょうか？

結論から言うと、子育てに限らず、食事やセックスを含めて、人間の行動のほぼ全ては、本能だけでできるものではありません。もう1つ必要なものがあります。それが、**経験**です。

たとえば、赤ちゃんは、生まれた瞬間、実際に見たり聞いたり触れたりしても、脳では見えず聞こえず、痛みも感じていません。これらの五感は、実際の刺激をくり返し受ける経験によって、ちょっとずつ発達していきます。愛着だって、触れ合いの刺激をくり返し受ける経験によって、ちょっとずつ発達していきます。

同じように、子育て（愛情）も、赤ちゃんとの触れ合いの刺激をくり返し受ける経験によって、ちょっとずつ育まれていくのです。このメカニズムには、オキシトシンというホルモンが働いています（33ページ）。つまり、子育ての心理は、養育者がママであってもパパであっても、本能をもとにして、経験によって高まっていくといえます。行動遺伝学的にいえば、行動＝本能（遺伝）＋経験（環境）です。

つまり、子どもを産んだからといって、本能的にかわいく思えたり、泣いている赤ちゃんの要求を本能的にキャッチできる、ということは必ずしもないということです。オキシトシンは男女問わず分泌されることから、「母性本能」を持つ女性は子育てが得意であるはずだ、と決めつけることはできません。

経験を重ねながら、だんだん親らしくなっていく。そんな心構えも、時には大切でしょう。

なお、ワンオペや仕事との兼業のストレスによって、オキシトシンがうまく働かなくなることで、一時的に、「子どもがかわいく思えない」ということはあります。だからこそ、子育てにはサポート体制が重要なのです。

2章

幼児期
2〜6歳

＼幼児期マンガ／

子育ては厳しく？　それとも自由に？

ワーワー
まてぇ～
キャ～
ワー
カタカタ…
父ちゃん、のど渇いた！コーラ買って～
パパ！ぼくも買って～！
タッ
ねえねえ！ワクワクくんのパパすっごく変な顔してるの見た？
ん――――？
ごめんな今パパ大事なメール打ってるから
あとコーラはダメだぞ

シュン・・・
コッチコッチ!
ダダッ
あ、後ろ…
ドン
いたた!
まー このくらいなら 唾つけとけば 治る治る
傷も男の勲章だよ ハハハ!
次は ブランコ やろーぜ!
…
パパさんも ごめんなさいね～
このお父さん ヘラヘラしてるなあ…
遊び方も乱暴だし あんまりうちの子に かかわらせないように しよう…
いえ
そろそろ英語教室の 時間なので失礼します

おい、行くぞ〜！
んっ!?
え、パパ…
もうちょっと
遊びたい…
ムッ
英語教室の時間まで
少しのあいだだけって
約束だったろ
う…
まあまあ〜
ひょい☆
一日ぐらい
休ませても…
…いえ
うちにはうちの
やり方がありますから
人のウチに
口出しするなという
圧
ですよねー
目が笑ってない…

このお父さん
しつけにうるさい
タイプかな…
でも公園に来たときぐらい
一緒に遊んでやれば
いいのに…
あの〜
じゃあ明日とかまた
遊ばせません？
いいの？
ぱっ
いえ！
明日は明日の
習いごとがありますから…
NO
…
う〜〜ん…
そっか、なら仕方ない！
また時間あるときに
遊んでね！
…
…うん！

ではまた…
またね
へっ!!
行くぞ!
ほら!
そ〜〜っ
あの子
大丈夫かな〜?
あんなにお父さん
真面目だと
子どもも息苦しいんじゃ…
ムム〜
ぎゃ〜〜〜〜〜!!
虫〜〜!?
ギャ
キャハハ
ハ〜ッ!
コラ〜〜〜〜!
まて〜〜〜〜!!
昨日ピアノの先生から
練習できてないんじゃないか
って言われたぞ
しっかり
練習しなさい
…うん
わかったよパパ…

優人さんの家
ワハハ
BEER
ふたりとも、よく噛んで食べろよ〜
お兄ちゃんそれ私の唐揚げ〜!
コラ!妹いじめないの!
ガコッ
パクッ
ゴチャ〜〜ッ
BEER
そ〜っ
は! それは父ちゃんの分のお団子!
ニャ〜ッ
パクッ
コラ〜
ハハハ

厳男さんの家
おい
箸の持ち方そうじゃないだろ
わがやのルール
①
⑤
ちゃんと覚えなさい
うん、ごめんなさい
見てなさい
こう持つんだ
…

もう5歳だから一人で寝なさい
寝られるか？
う、うん！
よしえらいぞ！
おやすみ
バタン
おやすみなさい…
賞状
植
動
花
昆
宇
魚
恐
しーん
ドキドキ
ヒヒヒヒ

今日帰りに
園の友達と
公園で遊んだんだけどさ
ジャーーッ
うん
でさ、その父親が
一緒になって
遊んでばかりで
何も学ばせてないんだ
カチャ
カチャ
……
せっかく一緒に公園来てるのに
あのお父さん、ノーパソ広げて
遊ばないんだぜ
ギュッ
ギュ～
ふーん、
でもまあ
いろんな家庭が
あるからねえ
あ、そこ
ちょい右
かして

あれじゃ子どもがかわいそうだよ

パパー!!
しくしく…
またおもらししたのか!ダメじゃないか!
泣いてもダメだぞまったく…
僕がもっときちんとしつけないと!
……
着替えようか
ボオ〜〜!
いてて〜〜〜ギブギブ!
ベキボキ
ポキン
体硬っ!
オレもやる!

2章のキーワード

認知能力

非認知能力

自尊心（自己肯定感）

自信（自己効力感）

教育虐待

教育ネグレクト

自律的な子育て

足場づくり

がんばり表

ルールづくり

幼児期とは、授乳や離乳食が終わってから小学校に入るまでの期間で、だいたい2歳から6歳になります。この時期の発達段階は、家族やお友達とのかかわりによって、身の周り（社会）のしくみを学びながら、相手と心を通わせ、自分を落ち着かせ、自分で考えて動くようになる、つまり**心の芯**を育むことです。家を建てることに例えるなら、土台の上に立つ柱づくりの時期です。

みなさんは、もし自分が幼児に戻ったとしたら、ビクビクくんとワクワクくんのどちらになりたいですか？　楽しそうだから、ワクワクくんを選びますか？　親の立場ではどうでしょう。子どもの将来のことを考えれば、優人さんのような優しさだけでなく、厳男さんのような厳しさも必要だと思うでしょうか？

それでは実際のところ、幼児期はどんな子育てをすればいいのでしょうか？　厳男さんのように管理した方がいいのか、それとも優人さんのように自由にした方がいいのか、もっと言えば何を管理して何を放任すればいいのか……。

ここから、科学的根拠を踏まえて、その答えを一緒に探っていきましょう。

英才教育を重んじることで逆に軽んじてしまうこととは？

厳男さんは、子どもに英語やピアノなどの習いごとを早い時期からやらせていて、やりすぎを心配する優人さんに対しては「うちにはうちのやり方がありますから」とすごんでいます。確かに、英才教育を早くからやっておけば、外国語を含む言語能力、楽器の演奏技術、運動能力、礼儀作法など、記憶力、注意力、情報処理能力が早くから高まります。ＩＱ（知能指数）が高くなることもあります。これらの能力は、**認知能力**と呼ばれています。

このように、認知能力を高めるトレーニングをなるべく早く、そしてなるべく多くやっておくことで、他の子どもよりもアドバンテージを取ることができると考える親心はよくわかります。

一方で、認知能力ばかりを重んじてしまうことで、逆に軽んじてしまうことはないでしょうか？　ビクビクくんとワクワクくんの振る舞いの違いから、主に3つあげてみましょう。

①心を通わせる力

ワクワクくんは、公園で優人さんの頭にこっそり虫を乗せて、ふざけています。食卓でも優人さんのお団子を食べてしまういたずらをしています。一方で、ビクビクくんは、パパの顔色をうかがっているばかりです。

軽んじられることの1つ目は、心を通わせる力、**共感性**です。これは、仲よくなるためのお笑いセンス（ユーモア）や、うまく人づき合いをしていくためのコミュニケーション能力にも通じます。

②自分を落ち着かせる力

ワクワクくんはビクビクくんと体がぶつかっても、何ごともなかったように、ケロッとしています。一方でビクビクくんは、何かにつけてよく泣いています。

軽んじられることの2つ目は、自分を落ち着かせる力、**セルフコントロール**です。これは、我慢強さであり、些細なことをあまり気にしない鈍感力とも言い換えられます。

③自分で考えて行動する力

ワクワクくんは、叱られるのがわかっていても自分からふざけていて、たくましいです。一方でビクビクくんは、言われた通りにやることはできますが、言われていないことはやっていません。

軽んじられることの3つ目は、自分で考えて行動する力、**自発性**です。これは、好奇心から疑問を持ったり、相手に自分の気持ちや考えを伝えたりして、自分の力で問題を解決しようとすることでもあります。

これらの3つの力は、**非認知能力**（**参照6**）と呼ばれています。自由にのびのびと

〈図5：幼児期に育まれる能力〉

	認知能力	非認知能力（社会情動的スキル）
特徴	記憶力 注意力 情報処理能力	共感性 セルフコントロール 自発性
測りやすさ	○	×
心の折れにくさ	×	○
幼児期での敏感さ	△	○

育っているワクワクくんからは、非認知能力の高さがうかがえます。そして、厳男さんが英才教育に熱を上げているように、認知能力ばかりを重んじてしまうと、相対的にこの非認知能力を軽んじてしまうことが想像できます。

参照6　非認知能力：2015年にOECD（経済協力開発機構）によって、**社会情動的スキル**という名で提唱されており、昨今注目されている。OECDの報告書によると、他者とうまくつき合う能力、自分の感情を管理する能力、目標を達成する能力の3つに分類される。この本では、この3つを**共感性（基本的信頼感）**、**セルフコントロール（自律性）**、**自発性（積極性）**と言い換えて紹介している。※（　）内はエリクソンの発達の課題（34ページ）に通じる。

認知能力と非認知能力って何が違うの？

認知能力と非認知能力の違いを車に例えてみましょう。

認知能力は、燃費（記憶力）、接近センサー（注意力）、エンジンの回転数（情報処理能力）など車の細かい性能です。一方で非認知能力は、アクセル（自発性）、ブレーキ（セルフコントロール）、ハンドル（共感性）などドライバーがどうしたいかという意思といえます。

この車をイメージしながら、認知能力と非認知能力の本質的な違いを3つあげて、理解を深めていきましょう。

①測りやすさ

1つ目の違いは、数値化できるかどうか、つまり**測りやすさ**です。認知能力は、明確な正解があり、その能力を点数化できる点で測りやすいです。一方、非認知能力は、何かを考えて行動する楽しさや、ふざけたりして誰かと一緒にいる心地よさを感じることです。さらに、不確かな状況への適応能力であったり、相手とのやり取りから協力関係を築く能力であったりします。

つまり、正解がない、または正解がいくつもあって必ずしも正解が決まっていない点で、点数化できず測りにくいです。車に例えると、車の性能は測りやすいですが、運転手の意思は測りにくいといえます。

なお、測りやすさの点で、認知能力は**自信（自己効力感）**、非認知能力は**自尊心（自己肯定感）**（**参照7**）とそれぞれ関係が深いと考えられます。そのわけは、自信は客観的な評価をベースにした「自分はできる」という感覚なのに対して、自尊心は、「自分は大丈夫」という主観的な評価をベースにした感覚だからです。

つまり、自信は根拠がある（測れる）のに対して、自尊心は根拠がない（測れない）のです。自尊心は「根拠のない自信」とも言い換えられます。

参照7　自尊心と自信の違い：**自尊心（自己肯定感）**とは、自分は大切に（尊重）されていて、たとえできなくても（うまくいかなくても）大丈夫と感じること。一方で、**自信（自己効力感）**は、何かにおいて自分はできる（うまくいく）と感じること。つまり、自尊心は無条件のかかわりで育まれるのに対して、自信は条件つきのかかわりで育まれる。なお、「プライド」という言葉は、自尊心と自信の両方の意味で使われている。また、「ナルシスト」「自己愛」という言葉は、自尊心が低く自信への葛藤がある場合に使われる。

②心の折れにくさ

2つ目の違いは、環境変化に適応できるかどうか、つまり**心の折れにくさ**です。認知能力は、安定した環境下での処理能力と言い換えられます。逆に言えば、不安定な環境での適応能力ではないため、そのストレスへの弱さがあります。一方、非認知能力は、不安定な環境での適応能力と言い換えられ、そのストレスへの強さがあり、心を折れにくくするといえます。

正解がわかりにくい問題や、先行きの見えない事態に直面したときには、プレッシャー（ストレス）をやりすごし、臨機応変に前に進むようなたくましさが求められます。ときに仲間と助け合うことも必要です。こうした打たれ強さ（**レジリエンス**／296ページ）は非認知能力と関連しています。

先ほどの車に例えると、コンクリートで舗装された一般道（安定した環境）では車の性能（認知能力）が発揮されますが、草原（不安定な環境）では車の性能は当てにできず、運転手の臨機応変なメンタリティ（非認知能力）が重要になってくるというわけです。

③幼児期での敏感さ

3つ目の違いは、**幼児期での敏感さ（発達のしやすさ）**です。特に幼児期においては、認知能力よりも非認知能力の方が、その能力を伸ばすためにはよいタイミングだと考えられています。愛着と同じように、非認知能力には敏感期（37ページ）があり、そのタイムリミットは、まさに幼児期だと考えられます。これは、**ヘックマンの研究（参照8）**からも、明らかです。

参照8　ヘックマンの研究（※11）：経済的な貧困層の家庭の幼児を対象に、幼児への教育プログラム（認知能力と非認知能力の両方を育む内容）を受けた幼児と受けていない幼児が成人になったときの特徴を比較した研究。貧困層の家庭を対象にした理由は、ネグレクト（育児放棄）のリスクが高く、子育て（幼児への教育）が適切に行われていない可能性があるから。その結果、教育プログラムを受けたグループは、受けていないグループよりも、収入や学歴が高く、犯罪率が低いことが判明した。その一方で、ＩＱ（知能指数）には明らかな差が出なかったことも判明した。これは、このプログラムによって、認知能力ではなく、非認知能力が高められたことが考えられる。ヘックマンは、２０００年にノーベル経済学賞を受賞したことでも知られる。

非認知能力にタイムリミットがあるのはどうしてでしょうか。それは、愛着と同じように、その力が生きていく上で必要な、とても原始的なものだからです。**進化心理学**（**参照9**）の視点から掘り下げていきましょう。

非認知能力の起源は、人類が言葉を習得する以前、約３００万年前にさかのぼります。部族の中で協力して狩りをしたり、子育てをしたりするためには、周りの人と心を通わせ（共感性）、自分を落ち着かせながら（セルフコントロール）、自分で考えて行動すること（自発性）が求められます。一方で、認知能力の起源は言葉の概念が生まれた約10万年前のこと。つまり、認知能力よりも非認知能力の方がより原始的で本能的な能力、と言い換えることができます。ちなみに愛着も、一人では生きていけない赤ちゃんが大人たちに守ってもらうために発達する能力であるため、その起源はもっと古いと考えられます。

そして、その人が生きていくために必要な、本能的で原始的な能力は、成長の過程で自然に発達すると考えられます。つまり、生きていくために必要な能力だからこそ、ある時期に発達するようにプログラミングされているということです。これが、非認知能力に敏感期がある理由です。

さらに、能力は原始的であるほどに、なかなか失われにくい特徴があります。認知能力は、ピアノを弾くことのように、いったん身につけてもやり続けていないとだんだん失われてしまいます。一方で非認知能力や愛着は、敏感な時期に自然と育まれたら、なかなか失われません。

先ほどの車に例えると、運転手が「運転したい」という意思は敏感な、ある時期に高まるということです。運転手が運転したいと思わなければ、いくら車の性能があったとしても使われず、すぐに錆びついてしまうといえます。

参照9　進化心理学：全ての生物や人間の体と同じように、人間の心（心理メカニズム）も環境に適応するために進化してきたことを前提とする学問。狩猟採集生活を送っていた**原始の時代**が約700万年前に始まったのに対して、農耕牧畜生活を営む**文明社会**が始まったのは、たかだか1万数千年前。進化が追いつくにはあまりに短い期間であるため、私たちの心は、現代の文明社会ではなく、むしろ原始の時代の環境に適応しやすいという考えをベースとしている。

英才教育で親がハマる「罠」とは？

認知能力と非認知能力の本質的な違いがわかったところで、英才教育に熱を入れる厳男さんの子育てのリスクを明らかにしましょう。

①測りやすい認知能力ばかりにとらわれる

厳男さんは習いごとのピアノを「しっかり練習しなさい」と厳しく叱っています。厳男さんは、うまく弾けたかどうかばかりにとらわれていて、弾くこと自体を楽しむことをないがしろにしているように見えます。

1つ目のリスクは、測りやすい認知能力ばかりにとらわれることです。もちろん、認知能力も非認知能力も両方高めていくことが理想です。しかし、子どもの時間とエネルギーは限られています。その時間とエネルギーを、認知能力のためばかりに使ってしまうと、その分、非認知能力のために使えなくなってしまいます。これは、**トレードオフ**（一得一失）の関係です。

認知能力は、やればやるほど結果が出る、早くやればやるほど結果が出ると思い込んでしまいがちです。英才教育を多くやらせすぎたり、早くにやらせすぎたりすると、どうしても「○○はだめ！」「○○して！」「早くして！」としつけが厳しくなってしまいます。すると、子ども同士が自由に遊んで心を通わせたり（共感性）、ぶつかり慣れたり（セルフコントロール）、自ら何かを楽しんでする（自発性）経験がますます減ってしまうでしょう。

②非認知能力が育まれずに心が折れやすくなる

厳男さんはしつけにも厳しく、不安そうなビクビクくんを一人で眠らせています。昼間叱られたせいか、ビクビクくんはなかなか眠れず、夜中におもらしをしてしまいます。明らかに、ストレスから自律神経の不調が出ています。

2つ目のリスクは、非認知能力が育まれずに心が折れやすくなることです。一般的に厳しいしつけは、セルフコントロールを育むために必要であると考えられています。しかし、これは大きな誤解です。

実際の研究では、親が子どもの行動をコントロールしすぎると、逆に子どもは自分で自分の行動をコントロールしなくなることがわかっています（※12）。そのわけは、しつけが一方的な命令の場合、恐怖刺激によって言われた通りに行動する条件反射（外発的動機づけ）は形成されても、思考停止によって自分で自分の行動を決める自発性（内発的動機づけ）は形成されなくなるからです。これでは、受け身の指示待ち人間になってしまいます。

③その後に認知能力が伸び悩む

厳男さんは、習いごとをサボる（休む）ことを許さず、とにかく練習し続けることを重視しているようです。確かに、幼児期の認知能力は、その癖になりにくさ（定着のしにくさ）から、いったん能力が高まってもやり続けていないと、だんだん失われていきます。つまり、非認知能力が十分に育まれていなければ、その後にやり続けたいという気持ち（自発性）が芽生えず、けっきょくその認知能力が維持できなくなってしまうということです。

3つ目のリスクは、その後に認知能力が伸び悩むことです。つまり、学ぶとは、「ただ学ぶ」（認知能力）のではなく、「学ぶ楽しさ」（非認知能力）も一緒に学ぶ必要があるということです。たとえば、知能指数（IQ）がわかりやすいです。英才教育によって、知能検査の類似問題を解く特訓を小さいときからやり込めば、知能指数は確実に上がります。すると、親は喜びます。しかしこれは、一時的で限定的な変化にすぎません。それがその後の学力が高くなることに直接結びつくわけではありません。

さらに驚いたことに、この認知能力への家庭環境の影響は、大人になるにつれて目減りしていくことがわかっています（詳細はコラム③／170ページ）。子どもの認知能力が伸び悩んだら、親は焦ります。きっと厳男さんは「がんばりが足りない」と言い出し、ますます本人の自由（非認知能力を育む機会）を奪うでしょう。これは、**教育虐待**（**参照10**）と呼ばれます。

厳男さんの教育熱がどんどんヒートアップして、教育虐待レベルに至った場合、ビクビクくんの自尊心や性格に影響を及ぼす可能性が考えられます。これは、**不登校**や**ひきこもり**などのさまざまなメンタルヘルスの問題が出てくるリスクが高まるということです。実際、教育虐待による思春期以降の問題行動（ひきこもりなど）の事例は数多く指摘されています（※13）。これが、英才教育で親がハマる「罠」なのです。

参照10　教育虐待：親が子どもに勉強や習いごとなどの教育を過剰に強いる不適切なかかわりのこと。子ども虐待の中の心理的虐待の1つとして、昨今注目されている。これは、認知能力を高めることに偏るあまりに非認知能力が育まれない点でも、子どもの人権への侵害といえる。

カウンセリングの現場から

荒田は、医師として自治体の就学前相談や転学相談に協力しています。子どもを通常学級に通わせるか、特別支援学級に通わせるか、どちらがよりその子に合っているかを判断するときに、知能指数（ＩＱ）を手がかりにします。ＩＱは、年齢を重ねても基本的に同じであるとされていますが、子どもの場合は、必ずしもそうではないようです。たとえば、小学校入学前にＩＱが70で特別支援学級に入った子が、小学校３年生でＩＱが１００にいつのまにか伸びていたために、通常学級に転学することになったケースがありました。逆に、小学校入学前にＩＱが１３０あり、親が喜んでいた子が、小学校６年生でＩＱが１００に落ち着いていたというケースもありました。つまり、発達のスピードは、速いかゆっくりかだけでなく、時期によって、加速したり減速したりすることもあるということです。

逆に自由にさせる子育ての危うさは？

優人さんは、厳男さんから「あんまりうちの子にかかわらせないようにしよう」と軽蔑されています。確かに、優人さんはあまりしつけをしておらず、自由にさせていて放任的です。この子育てスタイルは、非認知能力を育むよさがあることをご説明しました。一方で、危うさはないでしょうか？

ここから、優人さん一家のかかわりやワクワクくんの振る舞いから、放任的な子育てのリスクを見ていきましょう。

①認知能力が高まらない

ビクビクくんの家の壁には、世界地図が貼られていて、室内はきれいに片づけられています。一方、ワクワクくんの家の中は散らかっていて、本は置かれていないようです。厳男さんと違って、優人さんはしつけについてはあまり気にかけておらず、習いごともさせていないようです。

1つ目のリスクは、認知能力が高まらないことです。実際に、行動遺伝学（**参照2**／41ページ）の研究において、認知能力を代表する知能指数（ＩＱ）は、遺伝、家庭環境、家庭外環境（友人関係、学校や職場の人間関係など）の影響度がだいたい50パーセント：35パーセント：15パーセントであることがわかっています（図６）（※14）。つまり、家庭環境は、ＩＱに35パーセントの影響力があります。

その家庭環境の１つとして、家の中の片づけの程度があげられます（※15）。実際に、家の中が片づいていない家庭ほど、その子どもの認知能力が低いことがわかっています。このわけは、家庭内が混沌としている状況では、ルールを教えられても、頭のなかも混沌としてしまい、集中できず頭に入っていかないからだと考えられます。逆に言えば、物の定位置が決まっているような一定のルールがある環境で、認知能力は高まっていくということです。また、家の中の本の多さもあげられます。実際に、家にある本の数が多い家庭環境ほど、その子どもが読書好きになることがわかっています

2章　幼児期

〈図6：IQ、アルコール依存症、非行への影響度〉

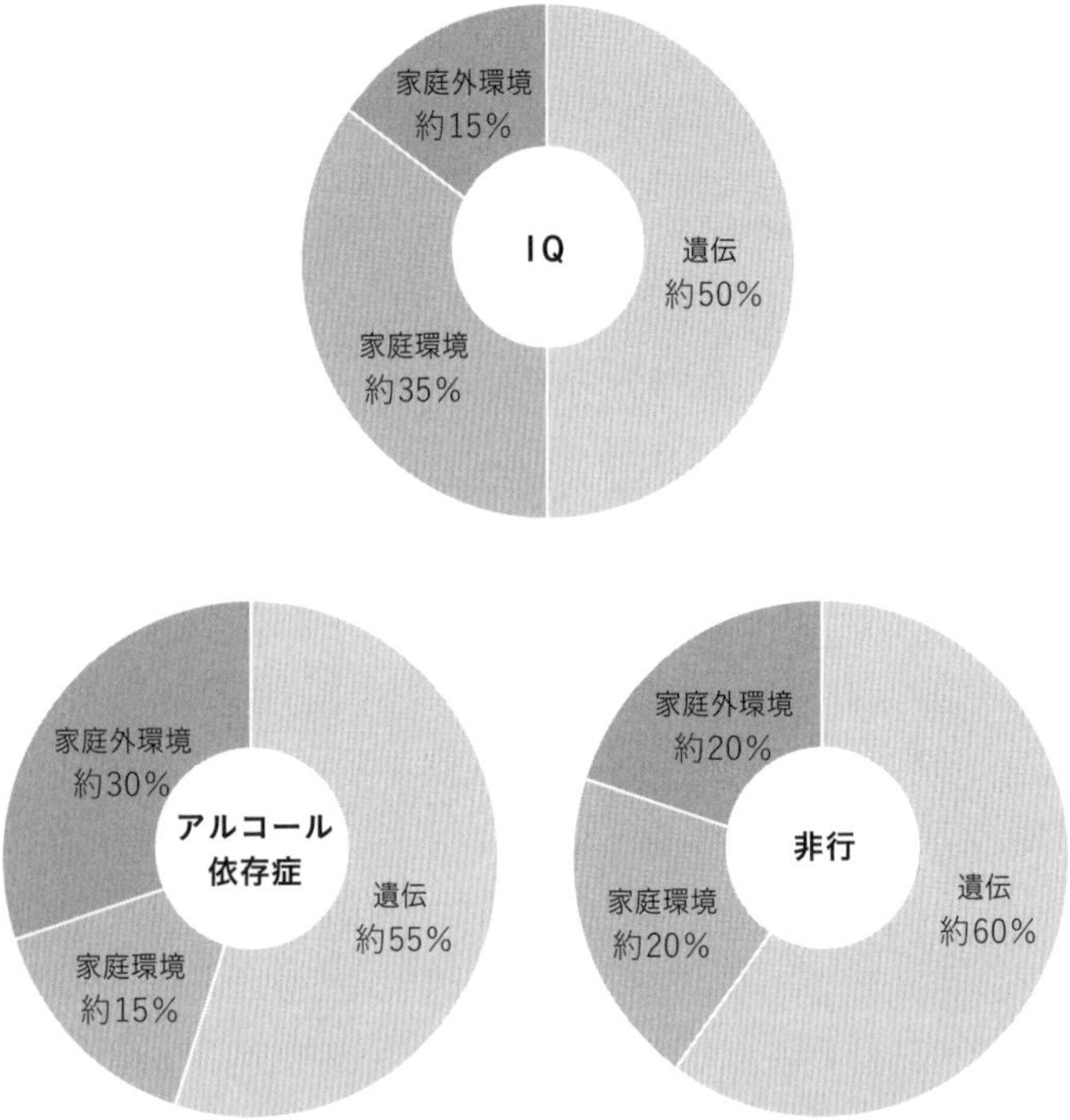

（※16）。

なお、残念ながら非認知能力についての行動遺伝学の研究は、現時点で見当たりません。その理由としては、やはり測りにくいからでしょう。

②嗜好品にハマりやすい

優人さんは、ねだられるままにワクワクくんにコーラ（カフェイン）を与えています。優人さん自身も夕食でビールを飲んでいます。また、夜遅くまでゲームを自由にさせています。一方、厳男さん宅ではどれもかなり制限されている様子です。

2つ目のリスクは、嗜好品にハマりやすいことです。実際に、行動遺伝学の研究において、アルコール依存症は、遺伝、家庭環境、家庭外環境の影響度がだいたい55パーセント：15パーセント：30パーセントであることがわかっています（図6）。また、喫煙は、遺伝、家庭環境、家庭外環境の影響度がだいたい55パーセント：25パーセント：20パーセントであることがわかっています（いずれも※4）。つまり、家庭環境はアルコールや喫煙に20パーセント前後の影響力があります。

これは、その依存物質が幼少期から家庭内で目に入り、慣れ親しんでしまうからだと考えられています。

別の見方をすれば、嗜好品にハマらないためには、そのリスクを理解して制限するという認知能力（家庭のルールやマナー）が必要になるともいえます。

③素行が悪くなる

厳男さんは、「わがやのルール」を壁に貼るくらい、ルールやマナーにうるさそうです。一方、優人さんは素行にも寛容なようです。

3つ目のリスクは、素行が悪くなることです。素行の悪さとは、規範意識の低さやマナーの悪さであり、今この瞬間の自分さえよければいいという、社会性が欠けている状態です。自分ではない誰かを認識したり、今ではないこの先を予想し客観視することができない点で、認知能力は高くないといえます。

実際に、行動遺伝学の研究において、非行などの問題行動（反社会的行動）は、遺伝、家庭環境、家庭外環境の影響度がだいたい60パーセント：20パーセント：20パーセントであることがわかっています（図6）（※4）。つまり、家庭環境は素行に20パーセントの影響力があります。

これも、その行動パターン（認知パターン）に幼少期から親しみ、すり込まれてしまうからでしょう。つまり、食事のルールも就寝の時間も定まっていないような家庭環境では、ルールを守るという学習ができず、素行が悪くなるリスクがあるのです。

このように、嗜好品の制限やルールの学習を含めた全般的な認知能力を育むことを著しく怠っている状況は、**教育ネグレクト**（**参照11**）と呼ばれています。

参照11　教育ネグレクト（※17）：親が子どもに生活習慣や世の中のルールなどの教育を怠る不適切なかかわりのこと。これは、十分な食事や安全の確保を怠るなどの全般的なネグレクトのなかで、教育に限られた場合を指す。なお、教育虐待（参照10）は教育において親がやるべきではないことをやることであるのに対して、教育ネグレクトは親がやるべきことをやらないことである点で、この2つは対照的である。

けっきょく、どんな子育てがいいの？

結論は、管理的なだけでも、放任的なだけでも、子育てとしては問題が起きるおそれがあるということです。厳男さんと優人さんから学べることは、管理した方がいいことは管理して、放任した方がいいことは放任する、つまり何を管理するかまたは放任するかを親がよく知っている必要があるということです。そうすることで、非認知能力をまずよく育んだ上で、認知能力を自ら高めることをうながすことができます。

これは、**自律的な子育て**です。

ここで、家庭環境を国家システムに例えます。縦軸を認知能力として、横軸を非認知能力として、グラフ化します（図７）。すると、家庭環境は、４つのタイプに分けられます。これは、アメリカのバウムリンド博士の子育てモデル（※18）を参考にして

〈図7：家庭環境のタイプ〉

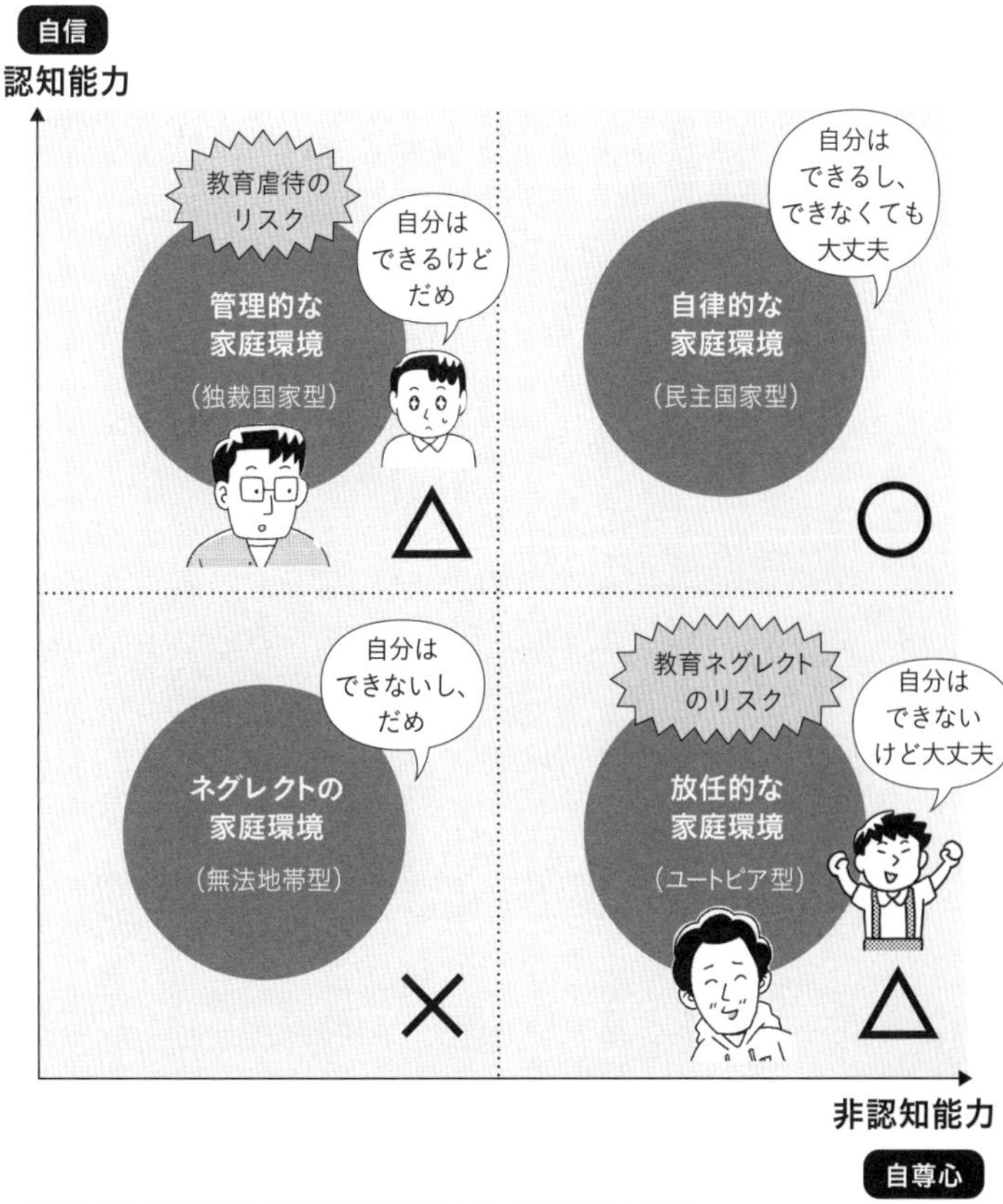

自尊心には、家庭環境の影響が基本的にないが、教育虐待（p.108）がある場合は例外である。また、この子育てモデルは、その縦軸を目標達成度（Performance）、横軸を集団維持度（Maintenance）に置き換えれば、社会心理学のリーダーシップにおける**PM理論**にも重なる。つまり、子育てとは「人育て」（人材育成）ともいえる。

います。

厳男さんのように認知能力に偏っている（非認知能力を軽んじる）管理的な家庭環境は、**独裁国家型**といえます。これは、行きすぎると教育虐待のリスクがあるとご説明しました。一方、優人さんのように非認知能力に偏っている（認知能力を軽んじる）放任的な家庭環境は、**ユートピア型**といえます。これは、教育ネグレクトのリスクがあるとご説明しました。ちなみに、ヘックマンの研究（101ページ）でご紹介したネグレクト（認知能力も非認知能力も軽んじる）の子育ては**無法地帯型**といえます。

そして、バランスのいい（認知能力も非認知能力も軽んじない）自律的な家庭環境は、**民主国家型**といえます。なお、このバランスのよさは、すでに乳児期でもご説明した**ほどよい母親（グッド・イナッフ・マザー）**（54ページ）に重なります。

このなかで最も望ましいのは、民主国家型の子育てになります。独裁国家型とユートピア型はそれぞれに危うさがあり、無法地帯型は、望ましくないといえます。これはまさに、国家そのものにも当てはまるでしょう。

どう自律的に子育てをすればいいの？

バランスのよい自律的な子育てとはいったいどうすればいいのか、もう少し具体的に見ていきましょう。

①足場づくり

1つ目の取り組みは、**足場づくり**です。これは、心理学で**スキャフォールディング**と呼ばれます。足場とは、もともと建物をつくるときに簡易的に組まれる作業スペースのこと。この足場と同じように、子どもが何か新しいことを知ろうとしたり、少し難しいことにチャレンジしようとするときに、そのサポートに徹する親の取り組みです。

ここで、厳男さんのように一方的にどんどん教え込んだり、先回りして質問したりしたら、どうでしょうか？　せっかく知りたい・やりたいという気持ち（内発的動機づけ）が、知らなければならない・やらなければならないという気持ち（外発的動機づけ）にすり替わってしまい、嫌気が差してしまいます（心理的リアクタンス／**参照12**／126ページ）。これでは、学ぶ楽しさ（非認知能力）が育まれません。逆に、優人さんのようにもともと知らなかったり面倒くさがって教えようとしなかったら、どうでしょうか？　もちろん、認知能力は高まりません。そうではなくて、自分でやろうと思えるようになるために、ほどほどに教えるのです。

たとえば、3歳頃から、「**なぜなぜ期**」という質問攻めが始まります。子どもが「なんで○○は□□なの？」と質問したときに、すぐに答えを言わないことです。そして、必ずしもきちんと答えないことです。わからないふりをして、「なんでだろう？」「なんでだと思う？」と質問に質問で返します。「わからないから教えて！」「どうすればいいと思う？　助けて！」といった声がけも有効です。

ヒントをさりげなく言ったり、わざと間違えて突っ込ませたりすることで、自発性をうながします。

②ルールづくり

2つ目の取り組みは、**ルールづくり**です。これは、心理学で**オペラント条件づけ**と呼ばれ、家庭内での決まりごとをはっきりさせて、やっていいことと悪いことを自分から意識させる親の取り組みです。

ここで大事なのはルールのペナルティです。厳男さんのようにペナルティが厳しすぎると、どうでしょうか？　ルールを守りたいという気持ち（内発的動機づけ）が、ルールを守らなければならないという気持ち（外発的動機づけ）にすり替わってしまい、自分でルールを守ろうとする意識が薄れてしまいます。逆に、ルールもペナルティもはっきりしていないと、どうでしょうか？　そもそもルールを守るという認知能力は高まりません。そうではなくて、自分でやめようと思えるようになるために、ほどほどにペナルティを設けるのです。

たとえば、やってはいけないことをやめさせたいときについてです。叩く・押す・蹴る・物を投げるなどの他害行為や、大声を上げる・地団太を踏むなどの迷惑行為が見られたときは、どうするのがいいでしょうか？

効果的なのは、まず**タイムアウト（行動制限）**です。やってはいけないことをしてしまったら、自分の部屋など決まった場所に入るというペナルティを与えるのです。時間は5分程度、または落ち着いたら出てきていいこととします。この取り決めは、落ち着いているときに、事前に子どもに説明しておきます。

程度が重くない場合は、イエローカード（2回目の警告でタイムアウト）、スリーノックアウト（3回目の警告でタイムアウト）という方式を取り入れます。警告することで落ち着くことをうながすこともできるでしょう。

なお、ペナルティを課す際には、親子の間で信頼関係が築かれていることが大前提です。そのために、普段から親は子どもを大切にしているという気持ちを素直に伝え（自尊心を高め）、その子のよさを認めるかかわりをする（自信を高める）必要があります。

たとえば、「生まれてきてくれてありがとう」「○○くんが生まれたときは本当に嬉しかったよ」「あなたは宝物だよ」などの言葉がけや、スキンシップなどです。普段から親の愛情を感じられていると、子どももある程度納得してペナルティを受け入れることができます。

また、言うまでもないですが、ペナルティとしての体罰はどんな状況でも不適切です。いくら子どもが悪いからといって、親が体罰をしてしまったら、相手が悪いときは暴力（体罰）をしていいという悪いお手本を見せて、無意識に真似をさせてしまうからです。心理学では、これを**モデリング**と呼びます。これは、親などの身近な人と同じことをしたがるという人類特有の能力（模倣学習）です。

自律的な子育てのための必須アイテム「がんばり表」

厳男さんの家の壁には、「わがやのルール」が貼られていました。きっと厳男さんは、このルールは守られるのが当たり前と考えていて、守られなければ叱るでしょう。

しかし、これは厳しすぎます。

そうではなくて、ルールが守れたら（がんばったら）、ご褒美をあげるようにするのです。心理学では、これを**トークンエコノミー（行動療法）**といいます。小学校などでは、がんばり表などと呼ばれ、「忘れ物をしない」ことが守れたらシールを貼ることで、忘れ物を防ぐ取り組みが行われています。

次に、どんな項目を設定すればいいか、３つのコツをご紹介しましょう。

〈図8：がんばり表の例〉

○○のがんばりひょう

- **あばれない** ➡ 1にち1シール
- **ゲームは1にち30ぷんまで** ➡ 1にち1シール
- **あいさつをする** ➡ 1にち1シール

・カレンダーにシールをはっていく
・シール1まいは5えんにかえられる
・シールがたまって、かいたいものがあるときに、
　ママかパパといっしょにかう

2023ねん4がつ1にち　　しょめい○○　しょめい○○　しょめい○○

①内容は「やってはいけないこと」に限定する

1つ目は、項目の内容は「やってはいけないこと」に限定することです。勉強や習いごとなど、「やってほしいこと」にまで広げないようにします。

そのわけは、そうしてしまうと、もともと純粋にやりたい気持ち（内発的動機づけ）が、やったら得するという気持ち（外発的動機づけ）にすり替わってしまい、結果的にやりたい気持ちが削がれてしまうからです。心理学では、これを**アンダーマイニング現象（参照12）**と呼んでいます。

このことから、子どもが楽しんで何かをしているときは、出来栄え（結果）だけを極端に褒めたり、ご褒美を毎回あげたりするのは望ましくないことがわかります。そうされた子どもは、出来栄えを褒められることやご褒美をもらうことばかりにとらわれてしまうからです。出来栄えを褒めたりご褒美をあげるのは時々にして、「がんばってるね」とそのがんばり（プロセス）を褒めたり、「楽しいね」と共感することもやはり必要であることがわかります。

参照12　アンダーマイニング現象：何かをする楽しさやおもしろさなどの好奇心（**内発的動機づけ**）が、何かがもらえるという期待感（**外発的動機づけ**）によって削がれてしまう現象のこと。実際の心理実験で、絵を描くのが好きな子どもたちを、上手に描いたら賞状をあげるグループと何もあげないグループに分けたところ、賞状をもらったグループの子どもは、何ももらわなかったグループの子どもよりも、その後に絵を描く時間が短くなった、という結果を基とする。これは、ご褒美がなければもうやらないと心変わりしていったと解釈できる。

ちなみに、何かをする楽しさやおもしろさなどの好奇心（内発的動機づけ）が、やらなければばならないという義務感（外発的動機づけ）にすり替わって嫌になる場合は、**心理的リアクタンス**と呼ばれている。

②数は3つまでにする

2つ目は、項目の数は3つまでにすることです。

そのわけは、項目が多すぎると、1つ1つの項目への意識が薄まるからです。まずは、そのときの最優先の問題を項目とすることです。そして、そのルールが習慣化したら、項目から外して、次の問題を新たに項目に入れることができます。

③1つは明らかにできそうなことにする

3つ目は、項目の1つは明らかにできそうなことにすることです。

たとえば、「挨拶をする」「座って食べる」などです。そのわけは、本人にとって達成しにくいことばかりにしてしまうと、やる気がなくなってしまうからです。

なお、挨拶やテーブルマナーは、できて望ましいことに含まれますが、勉強や習いごと以前の、習慣化するべき基本的な生活習慣として項目に入れることができます。

以上のことから、自律的な子育てとは、自分でやろうと思えるようになるためにほどほどに教える**足場づくり**と、自分でやめようと思えるようになるためにほどほどにペナルティを設ける**ルールづくり**であることがわかりました。

つまり、子育てとは、飼い犬のように厳しくしつけをするだけでもなく、飼い猫のように優しく餌づけをするだけでもないということです。

子どもはペットではなく、ましてや親の勲章でもアクセサリーでもありません。ちなみに、このような危うい子育ては、「トロフィーワイフ」をもじって、「トロフィーキッズ」と呼ばれることもあります。

子育てとは、自分で考えて自分で生きていく人間を育てることです。

子育てを超えた「人育て」の発想を持ち、そのプロセスを楽しむ心の余裕を持つことが何より必要であるといえるでしょう。

まとめ

1 非認知能力は、幼児期で敏感に反応する（発達しやすい）。

2 英才教育で親がハマる「罠」とは、測りやすい認知能力ばかりにとらわれて、非認知能力が育まれず、その後に認知能力が伸び悩むことである。

3 自由にさせる子育ての危うさは、認知能力が高まらず、嗜好品にハマりやすくなり、素行が悪くなることである。

4 非認知能力をまずよく育んだ上で、認知能力を自ら高めることをうながす自律的な子育てが望ましい。

5 自律的な子育てとは、ほどほどに教える足場づくりと、ほどほどにペナルティを設けるルールづくりである。

子どもから「なんでセミは鳴くの？」と聞かれたら？

「交尾するためだよ。セミが鳴くのはねえ……」とどんどん教える

○

「えー、知らないよ」と答える

△

「悲しいからかな？　楽しいからかな？　どう思う？」と逆に質問する

◎

A

子どもの「なぜ？」「なに？」にはすぐに答えを出さず、質問に対して質問で答えたり、わざと間違えて子どもに突っ込ませたりして、学ぶ楽しさ（非認知能力）を刺激しましょう。「よく気づいたね」と大げさに感心したり、ある程度答えさせたあとに「もしかして××かな？」とヒントを言ったりするのもいいでしょう。

全力で答えるのも1つのやり方ですが、子どもにわかりにくい言葉で一方的にやりすぎると、授業になってしまい、子どもがうんざりして、逆に質問しなくなるかもしれません。これは、**心理的リアクタンス**（126ページ）です。逆に「知らない」と突き放してしまうと、当然認知能力は育まれません。疲れているときは、「ごめん。今疲れてるから、あとでまた話そうね」ときちんと伝えて、余裕のあるときにじっくりつき合ってあげるといいでしょう。

一番大切なのは、親子で会話を楽しむプロセスです。認知能力も非認知能力も高めるという結果にこだわってテクニックを意識しすぎると、会話を楽しめなくなり、本末転倒。子どもとの会話を純粋に楽しむ気持ちを忘れないことです。

公園の砂場でお友達の輪に入っていくのをためらっているときは？

「何つくってるの？」と親がまず話しかける

◎

何もしない

○

「行ってきなさい」とけしかける

△

A

子どもがお友達の輪に入りたそうにしているとき、親はサポートすべきか迷いますね。自分から行くのを待って見守るのも1つですが、子どもの性格によっては根気がいります。なかなかきっかけがつかめないときは、子どもが自然と溶け込めるよう大人が橋渡しをしてあげることも、足場づくり（119ページ）の取り組みの1つです。「すごいのつくったね」「教えてくれない？」とまず大人が話しかけ、仲よくなるためのお手本（**モデリング**／123ページ）を見せてあげるのです。

「行ってきなさい」とけしかけるのも、確かにきっかけになります。しかし毎回だと、行こうと思っている気持ちが、行けと言われた気持ちに圧倒されてしまい、行こうという気持ちが薄れてしまうおそれがあります（**心理的リアクタンス**／126ページ）。

なお、もともと一人遊びをする発達の特性が強い子どももいます。せっかく公園に来たのだからお友達と遊ばせてあげたい、というのが親心ですが、一人で集中して遊ぶ時間もその子にとって有意義なもの。子どもをよく見て、その個性を尊重してあげることが何より大切です。

納豆をかき混ぜるのを「やりたいやりたい」とせがまれたら？

汚れるから、やらせない

○

やらせて、汚れたら叱る

△

一緒にやって、汚れないようにする

◎

A

子どもが大人の真似をして何でもやりたがる「**やるやる期**」には、なるべくいろいろなことをやらせて学習させたいところですが、親に余裕がないときにまで無理をすることはありません。余裕があるときに、できる範囲でつき合ってあげることです。

自由にやらせた後に汚れたからと叱るのは、納豆を上手にかき混ぜるにはどうしたらいいかという認知能力は高まりますが、納豆を自由にかき混ぜたらどうなるんだろうという非認知能力は高まりません。叱ってばかりいると、「やりたい」と言わなくなり、自発性（非認知能力）そのものが高まらないおそれもあります。

お手伝いは、社会経験の第一歩です。親御さんが料理や家事をしているときに、あえて鼻歌を歌いながら楽しくやれば、お手伝いをし向けることもできます。あえてできそうな頼みごとをして、「○○ちゃんが手伝ってくれた料理はおいしいなあ」「○○くんがしてくれたお掃除で気持ちがいいなあ」と大げさに言い、お手伝いを通して役に立っている感覚（自発性）を育むのです。

子どもから「本を読んで」とせがまれたら？

必ず読む

△

気が向いたら読む

○

寝る前に
1日1冊と決めて読む

◎

A

「1日5冊」とノルマを決めて読み聞かせをする「多読」に取り組む親御さんもいらっしゃるようです。家庭に置かれている本が多いほど子どもが読書好きになる、という調査結果がありますが（111ページ）、親の読み聞かせの頻度などの他の読書環境については関係がみられないことがわかっています（※16）。つまり、読み聞かせはある程度すればよく、できるだけ多くする必要はないということです。

気が向いたら読む、としながらもほとんど読まないのであれば、寝る前に1冊だけ読むという習慣化しやすいルールを取り入れるのがおすすめです。子どもにとっても親にとっても「せがむ・せがまれる」負担が減ります。

本を読むことは、言葉を使って物事を理解するという認知能力と、物語を夢中になって楽しむという非認知能力の両方を高める効果があります。非認知能力に敏感な幼児期はストーリー系を中心に、少しずつ子ども向けの事典や図鑑などの知識系を取り入れていくと、子どもの豊かな読書体験につながるでしょう。

子どもに
英語を習わせたい！

英語教室に行こうと強くすすめる

△

英語の歌を流す

○

親が英語を話している姿を見せる

◎

A 親が一方的にすすめるのは、本人のやる気を削いでしまうため（心理的リアクタンス／126ページ）おすすめできません。

子どもの興味を引き出すには、英語の歌を流したり、世界地図を貼ったりするなど、さりげない**仕掛け**（ギミック）が効果的です。さらに、親が英語で話している姿を見せると、**モデリング**効果で（123ページ）子どものやりたい気持ちを高めます。もちろん、ペラペラに話せなくても、簡単なやり取りをしゃべっているだけで、仕掛けとしては十分です。

実際に、行動遺伝学の研究において、語学力は、遺伝、家庭環境、家庭外環境の影響度がだいたい50パーセント：25パーセント：25パーセントであることがわかっています（※4）。

なお、外国語を習い始めるのは、6歳以降が適切であるとされています。そのわけは、5歳までは母国語の基礎ができていないため、それまでに外国語にさらされてしまうと、母国語で概念的に深く考えること（言葉の質）へのエネルギーが削がれてしまい、結果的に母国語の習得が遅れる可能性があるからです（※19）。

子どもが
習いごとのピアノをやめたいと
言ってきたら？

がんばりが足りないからだ
と言って、やらせ続ける

×

やりたくないなら、
やめさせる

○

理由を聞いて、
本当にやめてもいいいかを
いったん話し合う

○

A

まず本人の口からやめたい理由を聞くことが大切です。理由も聞かずに無理やりやらせ続けるのは、**教育虐待**（108ページ）のリスクがあります。なお、性格への家庭環境の影響力は0パーセントであることから（40ページ）、嫌なことでも続けさせることで忍耐強い性格に矯正されるような効果は、ありません。

行動遺伝学の研究では、絶対音感、絵心、運動能力は、遺伝、家庭環境、家庭外環境の影響度（41ページ）がだいたい60〜90パーセント：0パーセント：10〜40パーセントであることがわかっています（※4）。つまり、才能が開花することと親のかかわりはほぼ無関係ということです。確かに、たとえばピアノに触れたことがなければ、いくら才能があっても開花しないでしょう。この点で、さまざまな体験をさせることには意味があります。しかし、ある程度触れていれば、才能があるなら勝手に開花していくということです。

習いごとの目的は、学習成果ではなく、学習態度の癖づけだと割り切ることです。まずは、楽しんでやり続けることができるかを一番とすることが大切です。

お友達とけんかしそうになったら？

けんかしないよう速やかに引き離す

△

何もしない

△

手が出たら引き離す

◎

A

お友達とトラブルになりそうなときに先回りして引き離すのは、一見適切に思われます。しかし、コミュニケーションは、仲よくすることだけが全てではありません。葛藤する状況を経験し、対人ストレスにさらされることもまた、セルフコントロール（非認知能力）を高めるためには大切です。そもそも、けんかをしなければ、仲直りの仕方も学べません。つまり、何かトラブルが起きそうなピンチにこそ、そこに学びのチャンスがあるということです。ちなみに、先回りして子どもに失敗させないように過保護・過干渉になる親は、子どもの周りをずっと旋回し続ける様子から、「**ヘリコプターペアレント**」と呼ばれています。

とはいえ、子どもは手加減がわからず、手が出て大きなけがをするおそれがある場合などは、さすがに放ったらかしにするわけにはいきません。根気強く見守り、小競り合いをする程度までは泳がせ、いざというときに介入するのがベストです。仲のよい友達の親同士であれば、スタンスを事前に申し合わせておけるとなおよいでしょう。

保育園（幼稚園）に
行きたがらないときは？

行く気になるまで
行かせない

×

無理やり連れていく

○

一緒に園に入り
途中でいなくなる

◎

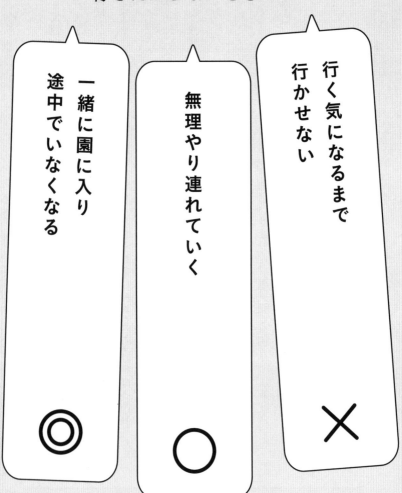

A

登園渋りで泣いている子どもを無理やり園に連れていくとき、子どもにかわいそうなことをしているような気持ちになるという親御さんは少なくないでしょう。これが毎日続くと、子どもは一時的に情緒が不安定になることもあり、親の罪悪感は深まるばかり。しかし、このことで大人になったときの性格までもが情緒不安定になるかというと、そうではありません。家庭環境（子育て）は、その子の自尊心や性格に影響しないことがわかっています（40ページ）。

登園渋りは、分離不安からの**イヤイヤ期**（第一次反抗期）によるものです。嫌がるからと行かせずにいると、親から離れる不安（分離不安）への慣れ（ストレス耐性）もできません。乳児期と違って、幼児期は、社会的な刺激をちょっとずつ与えていく必要があります。保育園（幼稚園）は、身の周り（社会）のしくみを学ぶ格好の場所。幼児教育によって認知能力と非認知能力が育まれますから、行かせないのはもったいないともいえるでしょう。園の玄関で泣かれたら、一緒に入って途中でこっそり抜け出すと、スムーズな母子分離（養育者との分離）ができます。

子ども同士でおもちゃの取り合いをしていたら？

「仲よくしなさい」と叱る

△

様子を見る

△

「○○ちゃんは今どんな気持ちかな？」と聞いてみる

○

A

頭ごなしに叱ることで取り合いをやめさせることはできますが、これだけでは仲よくするために具体的にどうしたらいいかの**足場づくり**（119ページ）ができていません。「様子を見る」のは、年長さんぐらいになって子ども同士で解決できる場合は適切な対応ですが、まだそれができない年少さんぐらいでは、結果、強い者が勝つというコミュニケーションを学習してしまうこともあります。

まずは、**感情の言語化**（67ページ）です。「○○ちゃんはどんな気持ちかな?」「なんでだと思う?」と問いかけることは、相手の気持ちを考えさせる**足場づくり**になります。すると次第に譲り合ったり、じゃんけんをしたりして、自分たちで解決する術を身につけやすくなります。

自分の気持ちをうまく表せない子どもには、たとえばお気に入りの人形を使って、「このお人形さんはどう思ってるかな?」「怒ってるかな?」と自分の気持ちを代弁してくれる分身によって、感情の発散をうながすこともできます。これは、**プレイセラピー**と呼ばれています。

子どもが叩くなどして暴れたときは？

決まった場所に5分間入らせる ◎

様子を見る ×

やめなさいと叱る ○

A

子どもが望ましくない行動をしたら、放置せず、叱ることも必要です。叱ることによる恐怖の刺激は、望ましくない行動を抑える一定の効果があります。心理学ではこれを正の罰による**行動療法**（124ページ）といいます。

決まった場所に短い時間入らせる**タイムアウト**（122ページ）は、やってはいけないことをやめさせる効果としては適切です。また、別の方法として、**アンガーマネジメント**の取り組みもおすすめです。①なるべく周りに人が少ない場所に移動して、一緒に遠くを見る（怒りを刺激する対象が視界から見えなくなることで落ち着きをうながす）、②ゆっくり一緒に10まで数える（怒りのピークは6秒程度であることから、10数えて待つ）、③飲み物を1杯ゆっくり飲ませる（水を飲むことで緊張を和らげる）、などです。

なお、このような困った行動は、子どもが親の気を引くためにやっている可能性（**試し行為**）もあります。その場合、親が子どもに温かくかかわる時間を取るようにすると、問題行動は自然と減っていくでしょう。

2章　幼児期

子どもがお友達に「ディズニーランドに引っ越すんだ」とうそをついたら？

「ディズニーランドが大好きなんだね」と言う

◎

「ふーん、そうなの」と受け流す

○

「うそつきは泥棒の始まりだよ」と諭す

×

A

幼児期は、子どもが事実とは違うことを言ったとしても、思い込みや「うその自慢」であることが多く、悪気はありません。大人が真に受けず、否定も肯定もせずに、「ふーん、そうなの」と受け流してしまっても、まったく問題はありません。

幼児期の子どもがうそをつく心理としては、うそをついて意識的に自慢したいというよりは、無意識的にかまってほしいというサインであることが多いです。これに応える形で、「ディズニーランドが大好きなんだね」と受け止めたり（受容）、「ディズニーランドって楽しいよね」と共感するのも、よい対応でしょう。このときに、「うそつき」と言ってレッテル貼り（ラベリング）をすると、子どもは傷つき、自尊心を損ねてしまうかもしれません。うそだからと責めずに、子どもの気持ちに寄り添ってあげることで、自尊心が安定して、結果的に子どもは「うその自慢」をしなくなるでしょう。

下の妹（弟）にいじわるするのをくり返していたら？

「妹（弟）の気持ちを考えて」と毎回言う

△

やめなさいと叱る

○

いじわるをするたびにご褒美が減るルールをつくる

◎

A

お友達とのトラブルには、相手の気持ちを想像させたり、言語化したりすることが大切だとお伝えしてきました（67、147ページ）。しかしながら、きょうだい間のいざこざは、年長者が自分が力関係で上であることを確認するためにわざとやっている場合がよくあります。これ自体は、幼児の発達のワンステップです。この場合は「相手（妹や弟）の気持ち」をわかった上でやっているため、気持ちを考えさせるというアプローチには限界があります。叱って聞けばいいですが、子どもが叱られ慣れてくると、親の負担も増します。

いじわるをやめさせたいときは、それをルールとしてしっかり意識させることです。これには、がんばり表（124ページ）が役立ちます。「妹（弟）にいじわるをしない」という項目を盛り込んで、守れていないと、「あれ、ルールはどうだったっけ？」と確認したり、がんばり表を指さしてルールをほのめかすことで、自分からいじわるをしないように自制でき、親がしつこく叱るという負担からも解放されます。

お店で「欲しい欲しい」「買って買って」と急におねだりされたら？

「だめ」と言う

○

うるさいから買ってあげる

×

「もともと買うと決めていないものは買わない」と言う

◎

A

子どものおねだりは、「だめなものはだめ！」とストレートに伝えるのもやり方の1つです。これで済めばいいですが、それでも「お願いお願い」としつこく食い下がってくることもあるでしょう。「だめ」の一辺倒では進展がないときは、「もともと買うと決めていないものは買わない」という家庭のルールを、親も子どもも守る必要があることを一貫して伝えることが大切です。また、「それを買うお金はない」「同じようなものがすでにある」など、買わない理由を伝えることで、買う必要性や予算を考えさせることもできます。それでも子どもが駄々をこねるようなら、**アンガーマネジメント**（149ページ）で場面転換を行ってみましょう。

子どものおねだりに親が根負けして買ってあげてしまうと、子どもは「しつこくすれば買ってくれる」ということを覚えます。親が買っていいと判断したとしても、すぐに買い与えないことです。「じゃあ来週に買おう」と約束するのです。これをくり返せば、子どもはおねだりしてもすぐに買ってもらえないことを学習します。これはセルフコントロールを高め、衝動買いの癖を減らすでしょう。

子どもがコーラを飲みたいと言ってきたら？

飲ませない

○

好きなだけ自由に飲ませる

△

お祝いやご褒美に限り1杯飲ませる

○

A

コーラは、カフェインという依存物質が入っている嗜好品です。幼児のカフェイン摂取には悪影響があるため、一日の摂取量などは当然気をつける必要があるでしょう。幼児のうちは一切飲ませないと決めるのもいいですが、子どもが飲みたがっているものを一方的に禁止すると、子どもにとって不満が増します。たくさん飲みすぎると「夜眠れなくなるから」「気分が悪くなるかもしれない」などと、きちんと理由を説明すれば、子どもは量の制限にある程度納得するでしょう。

ちなみに、カフェイン摂取の習慣は、行動遺伝学の研究において、遺伝、家庭環境、家庭外環境の影響度がだいたい45パーセント：0パーセント：55パーセントであることがわかっています（※4）。つまり、その子が大人になったときのカフェインの摂取習慣は遺伝と家庭外環境の影響が大きく、家庭環境の違いに影響はないということ。子どもの頃にカフェインを飲ませたからといって、その後カフェインに依存しやすくなる、ということはありません。もちろん、カフェインの過量摂取は、子どもだけでなく大人も、依存とは別に急性中毒のリスクがあります。

子どもが夜遅くまでゲームをやめようとしなかったら？

30分までと制限する

◎

禁止する

○

様子を見る

×

A

夜遅くまでゲームすることを容認するのは、睡眠リズムの乱れや、視力障害のリスクがあるため、おすすめできません。ゲームをやめたくてもやめられないゲーム依存症（204ページ）も心配です。禁止するときは、「よく眠れないと疲れが取れなくなるから」「視力が悪くなるから」などと、ゲームによる悪影響を伝え、子どもにも理解させることが大切です。

ゲームの時間をルール化して、**がんばり表**（124ページ）の項目の1つにすることや、守れない場合に「3日間ゲーム禁止」というペナルティを別に設けることなども、有効でしょう。

また、ゲームの代わりに読み聞かせをしたり、トランプなどのカードゲームや将棋やオセロなどの卓上ゲームをしたりするのもおすすめです。つまり、親も制限に対して、ある程度コミット（協力）するのです。なお、子どもの読書行動に影響するのは、家庭に置かれている本の数だけであるとご説明しましたが（137ページ）、ゲーム（テレビやスマホも）の制限も同様に影響があると考えられます。

子どもがふざけて「おちんちん」「うんち」などと言っていたら？

禁止する

△

様子を見る

○

社会的に許容されない言葉に限って禁止する

◎

A

子どもがふざけて下品な言葉を言うのは、そうするとどうなるか相手と状況を見極めて試しているからです。こうして、お笑いのセンス（ユーモア）などの**共感性**（93ページ）を高めています。そもそも、子どもはそれが下品な言葉だというのは重々わかっています。だからこそ、知らない人や怖い先生には決して言わないのです。そして小学生にもなれば、下品なことはだんだん言わなくなります。そのわけは、ユーモアのセンスが育まれた結果、お笑いの発想がもう少し複雑化してくるからです。つまり、下品な言葉は、まさにその土台をつくっているわけで、幼児期としてはむしろ必要であるともいえます。

子どもが下品な言葉を言ったら、親も「ちょっとやめてよー」などとわかりやすい突っ込みをして、そのお約束（お笑いパターン）をほどほどに楽しめばいいでしょう。

「バカ」「死ね」などの暴言や、目に余る下ネタなど社会的に許容されていない言葉に限っては、禁止することが必要です。また、電車や飲食店など公共の場所に限っても、禁止する必要があります。

きょうだいで
不平等になりそうなときは？

上の子をやや優遇する
◎

下の子を優遇する
△

なるべく平等にする
○

A

年齢差があっても、きょうだいは平等だと家庭で伝え実践していくのが理想ですが、現実的には「お兄ちゃん（お姉ちゃん）なんだから」などと上の子に我慢をさせ、まだ手のかかる下の子を優遇することが多いのではないでしょうか。しかし、上の子にとってみれば、もともと独り占めしていた親の愛情が急に半分以上奪われるわけです。結果的に、上の子の自尊心が不安定になり、**赤ちゃん返り**をするなどの反応が見られ、上の子も手がかかるようになることがあります。

子育てをしやすくする点では、上の子の自尊心を保つために、上の子をやや優遇することをおすすめします。

なお、きょうだい順によってどんな性格になるかの違いがよく指摘されます。しかし、行動遺伝学の研究においては、きょうだい順による性格の違いは成長過程の一時的なもので、大人になったときにはその影響はないか、あったとしてもけっして大きなものではないとされています（※20）。この点でも、きょうだい間における平等意識は、ほどほどでいいといえるでしょう。

子どもが
おもらし・おねしょを
してしまったら？

「びしょびしょになって嫌だったね」と声がけする
◎

特に何も言わない
○

「だめじゃないか！」と叱る
×

A

おもらし・おねしょは、自律神経の機能の問題なので、本人の努力ではどうにもならないことです。強く叱りつけるような、無理難題を押しつける親のかかわりは、**心理的虐待**になるおそれがあります。また、「それやっちゃだめ」と言われたら、そのことばかりが頭から離れずに結果的にまたやってしまうという悪循環に陥ることもあります。

心理学では、これを**禁断的思考**（強迫症状）といいます。実際の研究では、シロクマの映像を見せられたあとに、「シロクマを覚えてください」と言われた人よりも「シロクマを覚えないでください」と言われた人の方が、数日後にシロクマについて、より覚えていたという結果が出ています。これは**シロクマ実験**と呼ばれています。

対応としては、大げさにリアクションせずに淡々と着替えをうながすことです。または、「気持ち悪かったね」などと、子どもの**感情の言語化**（67ページ）をしてあげると、自律神経が安定して、その予防になります。「次から寝る前に一緒にトイレに行けば大丈夫だね」と保証してあげることも効果的です。

「早くして！」とつい腕を強く引っ張ってしまい、子どもから「痛い」と責められたら？

素直に謝る

◎

いったん離れる

○

「あなたが遅いからでしょう！」と言い返す

×

A

親も間違うことがあります。そんなときはすぐに素直に謝ることです。これは、たとえ理不尽な目に遭ったとしても話し合いによって最終的にはわかり合える、というメッセージを伝えることにもなります。子どもからの非難に、ついイラッとして気持ちの整理に時間がかかるようなら、いったんその場を離れるという（親の）**タイムアウト**（122ページ）や、**アンガーマネジメント**（149ページ）をおすすめします。

問題は、間違いを正当化してさらに間違いを重ねることです。「あなたが遅いからでしょう！」と言い返すのは、開き直りという悪いお手本（**モデリング**／123ページ）です。

また、よく聞かれる言い回しに「親に向かってその態度は何だ⁉」という台詞があります。これは、本来の論点（腕を強く引っ張ってしまったこと）を相手の態度の悪さの問題にすり替えて反論していて、論点ずらしをしています。これでは、子どもが話し合いをしようとする気持ち（自発性）を封じ込めてしまいます。

子どもが性器を自分で触っているのを見かけたら？

「そんなふうに触っちゃだめ」と叱る

×

見て見ぬふりをする

○

「そこは大事なところだから、そうしてるのは人には見せないようにするんだよ」と伝える

◎

A

子どもが自分の性器を触るのは幼児自慰と呼ばれます（※21）。思春期の性衝動を伴うものとは違って、指しゃぶりや耳さわりなどのように、安心感を得るためにやる自然な行為と考えられています。指しゃぶりと同じく、自然にやめていくので、あえて注意せず「見て見ぬふりをする」のも1つのやり方です。むしろ、禁止されると逆にやりたくなってしまう場合もあります（**禁断的思考**／165ページ）。

しかしながら、人前でそうすると嫌な思いをする人もいるということを、マナーとして伝える必要はあります。「やってもいいけれど、やるなら、お風呂、トイレ、布団の中など一人でいるときにするように」などと伝えるといいでしょう。

また、大事なところ（**プライベートゾーン**）として、性器以外に、お尻、胸、唇などをあげて、他の人には見せたり触らせたりしないことを子どもに伝えることもおすすめします。幼児期から性の話をタブーにしないことで、子どもは児童期や思春期に性の悩みをより相談しやすくなり、性被害への予防対策になります。なお、ユネスコによると、性教育は5歳から始めることが推奨されています。

コラム③ 英才教育で本当に賢くなるの？

マンガの解説で、幼児期から英才教育を受けるビクビクくんの認知能力がその後に伸び悩むリスクをご説明しました（106ページ）。さらに驚いたことに、認知能力への家庭環境の影響は、大人になるにつれて目減りしていくことについても触れました。わかりやすく言うと、英才教育をしたからといって大人になって「英才」になる（認知能力が高くなる）わけではないということです。これは、どういうことでしょうか？

実際に、行動遺伝学の研究において、認知能力を代表する知能指数（IQ）は、遺伝、家庭環境、家庭外環境の影響度がだいたい50パーセント：35パーセント：15パーセントであるとすでにご紹介しました。さらにこれを、児童期、思春期、成人期（初期）のそれぞれの時期で分けてみると、児童期は40パーセント：35パーセント：25パーセント、思春期は55パーセント：20パーセント：25パーセント、成人期は65パーセント：15パーセント：20パーセントとなります（※4）。つまり、年齢が上がっていくにつれて、遺伝の影響は40

〈図9：認知能力への影響度〉

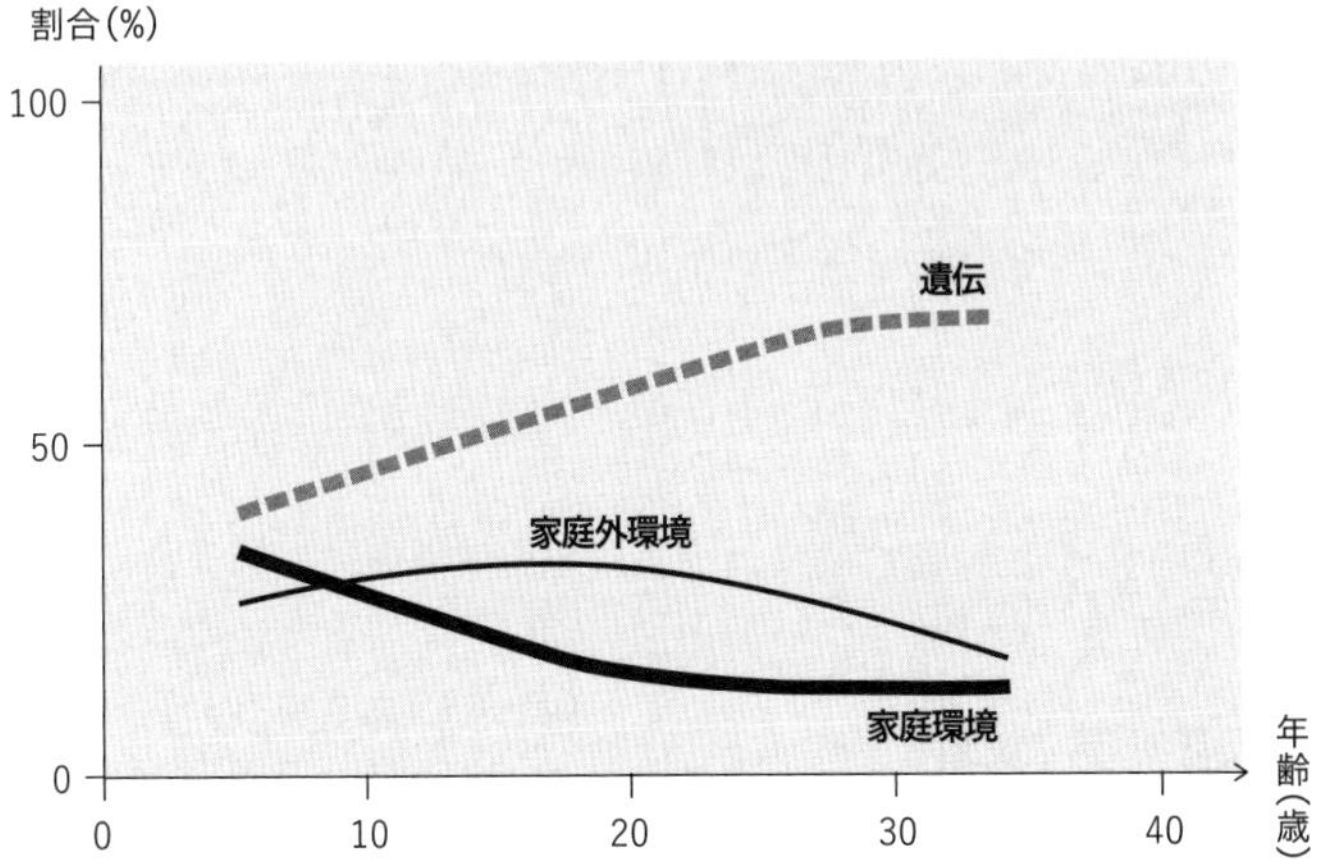

パーセント↓55パーセント↓65パーセントとどんどん増えていく一方、家庭環境の影響は35パーセント↓20パーセント↓15パーセントと減ってしまうということです。ちなみに、家庭外環境の影響は25パーセント↓25パーセント↓20パーセントと大きな変化はありません。

一見、年齢が上がると、環境の影響が積み重なり、遺伝の影響が減っていくように考えがちです。しかし、研究の結果は逆でした。その理由としては、2つの可能性が考えられています。1つ目の理由は、児童期までであれば、家庭で親から無理やり勉強（認知能力のトレーニング）をさせられることで、認知能力が一時的に高まるからです。そして、マンガ解説でもご説明しましたが、認知能力は本人がやり続けたいと思わなければ、そのまま身につくものではない（癖にならない）からです。２つ目の理由は、成人期までには、学校などの家庭外環境においてさまざまな学習の刺激にさらされることで、まだ発現していなかった遺伝的な素質がようやくあぶり出され、遅れて引き出されるからです。

つまり、英才教育（家庭環境／41ページ）は、世の中で盛んに叫ばれるほどの影響がなく、けっきょく本人の資質（遺伝）によるところが大きいということです。この点で、英才教育（認知能力のトレーニング）は、ある程度すればよく、できるだけ多くやらせる必要はないということがわかります。これは、自分が怠けていたために子どもの才能を引き出せなかったのではないかと親が責任を感じる必要がないということです。そして、経済的な事情で子どもに習いごとをさせられなかった親が責任を感じる必要もないということです。

一方で、教育ビジネスにとっては不都合な真実になるかもしれません。ここではあえて具体的な幼児教育については触れませんが、すでに多くの研究で、世の中で望ましいとされている幼児教育は、一時的な効果はあるものの、長期的な効果は不明であることがわかっています(※22)。

以上から、英才教育にせよ習いごとにせよ、やはり一番大事なことは、結果そのものではなく(なぜなら最終的な結果はほとんど変わらないので)、そのプロセスを親子で楽しむことだとわかります。

3章

児童期 6〜12歳

＼児童期マンガ／

どうやって自立させればいいの？

いってらっしゃい～
いってきまーす
おはようございまーす
おはよう～
タッ
しっかり子ちゃんちゃんとしてるね～！
うちの子と同い年なのに・・・
いえいえ全然ダメよ～
・・・
家であんまり勉強しないから
先月から習いごとがない日は塾にも通わせてるのよ
え？。
じゅく？
もう塾？早くない？
ニコッ
中学受験も考えて早い方がいいかなって

え〜！　もう中学受験〜？
塾行かせた方がいいかな〜？
うちの子遊んでばっかだし…
まだ小2だしな〜
—その日の夕方
ただいま〜
ピッ
…おかえり
ちょっと帰ってすぐゲーム？宿題は？
手洗った？
あらった〜っ！
これやってから〜

う〜ん
ワハハ！
ワー
コミック
いいかげんにしなさ〜い！
ムわ！
いつまで遊んでるの！
宿題は？
おかあさん宿題手伝って〜！
あははおわらな〜い
さんすうドリル 123
も〜〜っ
だから言ったのにぃぃ…!!

ということが
昨日あって…
どうやって
勉強させてる?
いくら言っても
言うこと
聞かなくて…
ジュ〜〜
うーん…
押してダメなら
引いてみるとかは?
カッカッ
少しでもできたら
褒めたり、ご褒美を
あげてみるの
うちの子も
そうするようにしたら
前より勉強するように
なったかな
ホントー!?
しっかり子、ごはんよ〜
あら?
ちゃんと勉強して
えらいわね〜
…うん!

今日のテストどうだった?
はーい
ギャーン
30
あー30点か～
いや!褒めなくては!
うーん、いい点ね!
伸びしろしかない感じがいいね～
あと、えーと3と0の数字もいいわよ!
お母さん好きな数字!
ちょっとわざとらしかったかな…?
そう?
テレッ
えっ?効果抜群!?
よし!ダメ押しよ!
ゴゴゴゴ!!

がんばったから
特別にご褒美あげる！
やった～！
わーい！
500
ふふふ…
これで勉強の
やる気アップね！
ホロリ…
これでもうガミガミ
怒らなくてすむ！
これでお菓子
いっぱい買うぞ～！
POTATO
よーし！
ニコニコ…

よいしょ！
ピコーーン…
あれ？
またゲーム始めちゃった…
ちょっ
し、宿題は？
？
あと少しでクリアできるんだ～
ピコピコ
いつも通り…
叱ってもダメ…
褒めても効果なし…
じゃあいったい…
あはは～
ギッ
どうすればいいの!?
先に宿題しなさ～い!!
ドカーン！

3章のキーワード

褒め方

発想の転換（リフレーミング）

おこづかいルール

叱り方

家庭のルール

ゲーム依存症

仲間づくり（ギャングエイジ）

心理的な相互作用

中学受験

「グッド・イナッフ・スクール」

児童期とは、小学校に通う期間で、だいたい6歳から12歳になります。この時期の発達段階は、学校というルールのある環境で集団生活を送ること、友達や先生とかかわることによって、社会で生きていくための能力を育む、つまり**心の形**を育むことです。家を建てることに例えるなら、柱に合わせて壁や屋根をつくることです。

みなさんがガミ子さんだったら、のびのびくんにどう接しますか？　どう褒めますか？　どう叱りますか？　ゲームをやめさせて宿題をやらせるには、どうしたらいいのでしょうか？　おこづかいはどうあげたらいいのでしょうか？

一方で、しっかり子ちゃんはママの言うことをよく聞く「よい子」のように見えます。中学受験を見据えて、早いうちから塾に通わせることは、いいことなのでしょうか？

実際のところ、児童期の子育ては、どうすればいいのでしょうか？　ここから、科学的根拠を踏まえて、その答えを一緒に探っていきましょう。

どう生活を自立させる？

のびのびくんは、朝なかなか起きられず、宿題も自分で終えられず、生活は自立していません。そんな彼をガミ子さんは毎回ガミガミと叱りつけていますが、叱られてものびのびくんは一向に変わりません。これは見方次第では、ガミ子さんも変わっていないということです。つまり皮肉にも「同じことをくり返している」と叱り続けるガミ子さんも変わらず「同じことをくり返している」のです。のびのびくんは懲りていないわけですが、同時にガミ子さんも懲りていないのでした。では、なぜのびのびくんは懲りないのでしょうか？

その理由は、のびのびくんは叱られることと引き換えに助けてもらえることを当てにするようになっているからです。言い換えれば、子ども扱いされることで、子どものままでいられることに安住しています。そして、問題が起きそうでも、つい「自分は大丈夫」と思ってしまうのです。一方で、なぜガミ子さんは懲りないのでしょうか？

その理由は、「叱れば言うことを聞く」と信じているからです。言い換えれば、子どもも扱いすることで、言うことを聞かせられる親であることに執着しています。そして問題が起きそうになると、つい先回りしてしまうのです。

それぞれが叱られること、叱ることに依存しているともいえます。つまり、これはコミュニケーションの「癖」（**交流パターン**／283ページ）の問題であることに着目する必要があります。のびのびくんが変わるためには、まずガミ子さんが変わる必要があります。では、ガミ子さんはどうすればいいのでしょうか？

それは、逆に本人に任せること、つまりいつまでも子ども扱いせず、ちょっとずつ大人扱いしていくことです。のびのびくんが学校に遅れそうになっても、宿題を終えていなくても、ガミ子さんは手助けしないのです。

そんなことをしたら、のびのびくんが学校でかわいそうな思いをするんじゃないかと心配になりますか？　ガミ子さんも担任の先生から指摘されて恥ずかしい思いをしてしまうでしょうか？

いいんです！　たとえ彼が担任の先生やクラスメイトの前で嫌な思いをしたとして

も、ガミ子さんが先生から嫌味を言われても、かまわないのです。なぜなら、そんな失敗経験を味わうことでやっと、次からそうならないようにしようと自分から意識する**フィードバック**が働くようになっていくからです。

そうすることで、親（社会）から期待されることを、言われてやるのではなく、やったりやらなかったりでもなく、ブレずに自分からやるようになっていくのです。これは、児童期の発達の課題である**勤勉さ**（エリクソンによる／34ページ）につながります。

ただし、いきなり全部を任せたら、本人がいっぱいいっぱいになってしまい、フィードバックが働かないおそれもあります。そこで、優先度が高い順に1つずつ任せていき、フィードバックが働いたら次の課題に進むのです。心理学で、これは**スモールステップ**と呼ばれます。一段一段、着実に大人への階段を上り、生活を自立させていく時期が、児童期にあたります。

どう褒める？

ガミ子さんは、しっかり子ちゃんのママに相談して、褒めたり、ご褒美をあげたりしています。確かに、褒めることで子どもは快感が得られ、望ましい言動をうながすことができます。心理学では、これを正の強化による**行動療法**と呼んでいます。しかし、しっかり子ちゃんと違ってのびのびくんには効果がないようです。なぜでしょうか？　ガミ子さんはどう褒めればいいのでしょうか？

ここから、**褒め方**を大きく3つに分けて考えてみましょう。

①そのまま褒める

ガミ子さんは、のびのびくんから30点のテストの結果を見せられても、「伸びしろしかない感じがいいね」「3と0の数字もいいわよ」と何でも褒めています。

1つ目の褒め方は、そのまま褒めることです。見た目、発言、行動などを無条件に褒める、つまり「**存在褒め**」です。

これは、子どもとの**信頼関係**を築き、子どもに「(うまくいかなくても)自分は大丈夫」という**自尊心**を育むことができる褒め方です。

しかしのびのびくんは、すでに「自分は大丈夫だ」と思っているタイプで、自尊心は十分にあります。つまり現時点で存在褒めは、のびのびくんにとってはあまり意味がないどころか、逆効果であることがわかります。存在褒めばかりをしてしまうと、そのままをよしとしてしまい、がんばらなくなってしまうおそれがあるということです(自尊心と自信の違いについては99ページ)。

なお、ガミ子さんのセリフからは学ぶべきこともあります。それは、一見褒められないと思っていたこと(マイナス面)も、見方を変えれば褒められること(プラス面)に変えることができる、つまり**発想の転換**です。心理学では、これを**リフレーミング**と呼びます。これは、特に「自分はだめだ」と思う自尊心が低い子どもには効果があります。

〈図10：リフレーミングの例（※23）〉

マイナス面		プラス面
周りを気にしすぎる	→	分析能力が高い
ネガティブ	→	用心深い
指示待ち	→	空気を読む
飽きっぽい	→	好奇心旺盛
チャレンジしない	→	堅実
覚えが悪い	→	大器晩成タイプ
がんこ	→	信念が強い
不満ばかり	→	問題意識が高い
遅い	→	よく考えて行動する
短気	→	感情豊か
格好がだらしない	→	ワイルド・野性味がある
悪い結果が出た	→	もっと悪いと思っていたからまだよかった

②できたら褒める

「存在褒め」では効果がないのびのびくんには、また別の褒め方にする必要があります。

2つ目の褒め方は、できたら褒めることです。よい結果を出すという条件つきで褒める、つまり「**結果褒め**」です。

これは、子どもに「自分はできる」という**自信**を育むことができます。のびのびくんの場合は、結果褒めに重きを置いて確かな自信をもたせる時期かもしれません。

ただし、結果褒めばかりすることに

もリスクがあります。それは、結果ばかりにとらわれてしまうおそれがあることです。するど、もともとやりたいという気持ちが削がれてしまいます。これは、**アンダーマイニング現象**（126ページ）です。また、褒められるためには、取り繕ったりズルをしたりするという発想に陥ることもあります。

③がんばりを褒める

3つ目の褒め方は、がんばりを褒めることです。結果には触れず、何かに取り組む様子や態度を褒める、つまり「**プロセス褒め**」です。

たとえ悪い結果が出たとしても、「あのがんばりはすごかったね。だって……」と褒めるのです。これは、望ましい言動を認めてあげたり、本人が気づいていない強みを本人に気づかせてうながしたりする働きかけで、自尊心と自信の両方を育むことができます。

これには、普段から子どもの取り組みをよく観察しておくことが必要になります。学校生活の様子は具体的にはわかりませんから、子どもから話を聞き出しておくので

〈図11：褒め方の違い〉

	存在褒め	結果褒め	プロセス褒め
自尊心	◎	×	○
自信	×	◎	○
リスク	がんばらなくなる	結果にとらわれる	—

す。たとえば、子どもが学校から帰ったときに「今日は何を勉強した？」と聞くだけでなく、「今日は何を質問した？」とも聞くのです。「何が気になった？」「何をもっと知りたいと思った？」でもいいでしょう。何を学んだかという結果ではなく、何を学びたいと思ったかというプロセスに重きを置く聞き方です。これは、答えを見つけるのではなく、疑問を見つける働きかけでもあります。こうした聞き方自体が「プロセス褒め」につながりやすく、子どもの興味を広げる**足場づくり**（119ページ）にもなります。

どうおこづかいをあげる？

ガミ子さんは、何の前置きもなく、いきなり褒めて、ご褒美としておこづかいをあげていました。しかし、これでは一貫性や継続性がありません。ご褒美としておこづかいをあげるならば、そのありがたみを感じさせるために、普段は気まぐれにあげないようにする必要があります。

ここで、子どもの生活を自立させるために役立つ**おこづかいルール**をご紹介します。おこづかいは、子どもを心理的に自立させるためにも効果的なツールであるといわれています（※24）。ここから、おこづかいのあげ方のポイントを3つご紹介しましょう。

①報酬制にする

1つ目は、報酬制にすることです。これは、ご褒美をおこづかいルールの中に組み込むことです。幼児期でご紹介したがんばり表（124ページ）の応用バージョンです。ここでの注意点は、がんばり表と同じようにその内容を望ましくないこと（制限すること）に限ることです。

たとえば、「遅刻せずに学校に行ったらプラス５円」「夕食までに宿題を終えたらプラス５円」という設定です。このようなインセンティブをつけることで、生活の自立を後押しすることができます。最終的なおこづかいの金額を毎週最大１５０円にしたいなら、基本額を１００円にすれば、１００円＋（５円＋５円）×５日（平日）＝１５０円になります。

なお、がんばり表と同じように、のびのびくんが時間内に学校に行くようになり、夕食前に宿題を終える習慣が身についたら、項目を他の改善点に変えるタイミングです。つまり、ルールが自発的に守れるならルールから外す必要もあります。そのわけは、親が子どもの行動をコントロールしすぎると、逆に子どもは自分で自分の行動をコントロールしなくなるからです（１０６ページ）。よって、年齢が上がっていけば、項目を改善点から**家の仕事（家事給料制）**にシフトしていくことができます。たとえば、「洗濯物を畳む」「お風呂の掃除をする」などが報酬化されるしくみです。

②契約制にする

2つ目は、契約制にすることです。これは、守らせたいルール（遅刻しないで学校に行くこと、宿題を夕食までに終わらせることなど）を子どもが守る対価として、決まったおこづかいが得られるという契約を結ぶ方法です。

ポイントは、なぜその項目を設けるのかをあらかじめ子どもに説明し、納得してもらうことです。たとえば、「遅刻しないことや宿題をすることは、大人が遅刻しないで仕事に行って、時間までに仕事を終わらせて給料をもらうのと同じ」「自分で生きていくために必要なことだよ」と説明します。また、項目を変えるときも「次にがんばることがあるからだよ」と理由を説明します。そして、書面化して、署名を親と子どもがすることです。まさに、契約書です（図12）。

また、おこづかい帳をつけることを義務づけることも必要です。これは、親が子どものお金の管理をサポートできると同時に、子どもも、金額の計算をすることを通して、お金の自己管理をうながすことができます。

〈図12：おこづかいルール例〉

加点式

のびのびくんのおこづかいルール

- **毎週100円とする**
- **ちこくせずに学校へ行くとプラス5円**
- **夕食までにしゅくだいをおえるとプラス5円**
- **おこづかいちょうをつける**

2023年4月1日　しょめい ●● ●● ●●

減点式

のびのびくんのおこづかいルール

やくそくがまもれたら、
毎週150円とする

【やくそく】
・ちこくせずに学校へ行く
・夕食までにしゅくだいをおえる
・やくそくが守れないとマイナス5円
・おこづかいちょうをつける

2023年4月1日　しょめい ●● ●● ●●

③交渉制にする

３つ目は、交渉制にすることです。これは①または②の発展的な方法で、子どもが親に値上げや項目を変えることを逆提案する場を設ける方法です。そしてそのときに、理由や根拠をプレゼンしてもらうのです。これは、自分の行動に自覚（責任）を持たせ、子どもを**大人扱い**していく取り組みでもあります。心理学で、これは**アサーション**（２８５ページ）と呼ばれています。そうすることで、単に親（社会）がつくったルールに従うのではなく、自分で考えて自分で自分（そして社会）のルールをつくっていきたいと思うことをうながします。

また、交渉制は、ものごとは話し合いによって決めるというお手本を見せることにもなります。まさに民主主義の基本であり、民主主義型という**自律的な子育て**（１１６ページ）を下支えするものでしょう。

どう叱る？

ガミ子さんは、のびのびくんを頭ごなしに叱っています。確かに、叱ることは子どもに恐怖を与え、望ましくない言動を抑えることができます。心理学では、これを正の罰による**行動療法**と呼んでいます。しかし、のびのびくんには効果はないようです。なぜでしょうか？　ガミ子さんはどう叱ればいいのでしょうか？

ここから**叱り方**を、大きく2つに分けて考えてみましょう。

①そのまま叱る

ガミ子さんは、まったく宿題に取りかからないのびのびくんに「いいかげんにしなさ〜い！」「いつまで遊んでるの！　宿題は？」と怒鳴っています。

1つ目の叱り方は、問題点を怖い顔で怒鳴ったり端的に命令する、つまりそのまま叱ることです。これは、恐怖を最大限与える効果があります。

そのまま叱るのは幼児期までは有効なやり方ですが、児童期以降には効果があまり期待できなくなります。のびのびくんにあまり効果がないのは、ガミ子さんから叱られることに慣れてしまい、恐怖をあまり感じなくなっているからです。

また、一方的に強く叱ってばかりだと、子どもに「自分はできない」と**自信**を失わせたり、けっきょく「自分はだめだ」と**自尊心**を損ねるリスクが出てきます。そのため、やはり児童期以降はあまりおすすめできません。

なお、その場で叱らないと自分や相手がけがをする場合などは、もちろんそうする必要があります。緊急時にいつもと違う状況だという緊張感を伝えるためにも、普段から叱られることに慣れさせないようにする必要もあります。

②考えさせて叱る

2つ目の叱り方は、考えさせて叱ることです。これは、質問を投げかけることで、問題点、原因、解決策をなるべく本人に説明させる働きかけです。

たとえば、「何がだめだと思う?」から始まり、本人が「宿題ができなかった」と問題点に触れたら「どうしてできなかったと思う？」または、「どうやったらできると思う？」と続け、本人が「ゲームをやってたから」と原因に触れたら「じゃあ、どうすればいい？」と質問し続けます。もし本人が「宿題は夕食のあとにする」などとずれた解決策を言ったら、「今までできたことあった？」「これからできる理由は何？」と突っ込みます。

もちろん、解決策を答えられなかったときは、「宿題は夕食の前にするのはどう？」「宿題してからゲームするのはどう？」とフォローします。ここで大事なのは、あくまで提案という形にとどめることです。決して指示や命令という形にしないことです。そのわけは、本人が納得して決めたことによってはじめて、責任感が生まれ、自分で考えて行動するようになるからです。これも、**アサーション**（285ページ）です。

さらには、そもそも「なんのために勉強するんだと思う？」という究極的な問いかけをしてみるのも効果的です。その答えは、たとえば「自分で生きていける大人になるため」「よりよく生きていくための武器になるから」などさまざまですが、それをなるべく本人に考えてもらうことです。こうして、今「先に宿題をする」必要性をよ

〈図13：叱り方の違い〉

	そのまま叱る	考えさせて叱る
恐怖	◎	△
納得	△	◎
適応	幼児期 （けがのリスクがある場合）	児童期以降

り自覚させることができます。

なお、そもそも子どもが提案を受け入れるためには、存在褒め（189ページ）で親子の**信頼関係**をしっかり築いていることが大前提です。つまり、叱るという「高い買い物」をするためには、褒めるという「貯金」をコツコツしておく必要があるということです。「貯金」をせずに、叱るという「高い借金」ばかりを先にしてしまったら、あとで**思春期の問題行動**（273ページ）というとんでもない「ツケ」を支払うことになるおそれがあります。

どう家庭のルールをつくる？

ここで、叱ることと関連して、子どもの生活を自立させるために役立つ**家庭のルール**をご紹介します。みなさんは、子どもに家庭のルールをはっきり伝えていますか？ルールが守られないときは、どうしていますか？

家庭のルールは、子どもを自立させるために、そして社会のルールを理解するために、効果的なツールです。ここから、家庭のルールのつくり方のポイントを3つご紹介しましょう。

①ペナルティを設ける

1つ目のポイントは、ペナルティを設けることです。これは、そのまま叱るという幼児期ならではの「罰」ではなく、ペナルティという大人の「罰」です。たとえば、「学校に遅刻した日はゲームができない」「宿題を終えていなかったら次の日にゲームができない」などです。これは、幼児期でご紹介した**ルールづくり**（121ページ）とも通じます。のびのびくんとしても、さすがに好きなゲームができなくなるのは嫌なので、このルールに乗っていくでしょう。同時に、これでガミ子さんはガミガミ叱るという負担から解放されます。

また、ガミ子さんはゲームをし続けること自体については叱っていませんでした。しかし、ゲームの時間制限は、**ゲーム依存症**（**参照13、14**）にならないために必要なことです。友達と外で遊んだり、家族と話をしたり、お手伝いをするなどゲーム以外の豊かな活動の時間を確保するためにも必要です。そのために、たとえば「ゲームが1日1時間を超えたら3日間ゲームができない」というペナルティを設けるのが効果的です。

なお、「ゲームを1日1時間までにするとプラス5円」というように、ゲームの時間制限を先ほどのおこづかいルールに組み込むのも1つのやり方ではあります。ただし、おこづかいが減ってでもゲームをするという発想になり、おこづかいルールが機能しないおそれもあります。それくらいゲームは、やめられない「魔力」があるともいえます。そのため、各家庭で明確なルールを設けるのが確実でしょう。

参照13　ゲーム依存症：お金や時間などが奪われて日常生活に差し障るほどゲームがやめられなくなる状態（コントロールができない状態）のこと。専門的には、**ゲーム障害**（ＩＣＤ-11）（※25）、**インターネットゲーム障害**（ＤＳＭ-５）（※26）と呼ばれる。特に、依存性を強める巧妙な仕掛けとしてあげられるのは、「ガチャ」（ギャンブル性の高い抽選をさせる）、「時間回復制」（短時間のプレイをくり返させる）、「連続ログインボーナス」（プレイを休む日をつくらせない）、「マラソンイベント」（期間限定でプレイを長時間やらせる）など（※27）。

実際の研究では、ゲームをやっている最中は、覚醒剤の静脈注射に匹敵するほどの脳内の快楽ホルモン（ドパミン）が放出されていることがわかっている（※28）。この点で、ゲームは「デジタル・ドラッグ」ともいえる。

ちなみに、ゲームでよく見かける「ガチャ」（抽選）によってアイテムを得る課金システムは、必ずしも欲しいアイテムが得られるわけではないため、つい「ガチャ」をやりすぎてお金をつぎ込んでしまうという**ギャンブル依存症**を発症させるリスクも懸念される。

参照14　ゲーム依存症の今後：ゲーム依存症は、２０１０年代になって新しくできた病気の概念であるため、この行動遺伝学の研究は、現時点では見当たらない。ただし、ゲーム依存症は、行動の依存（嗜癖）ととらえれば、物質の依存と同じように、家庭環境の違いによる影響があることが推定される。現在、未成年へのゲームの時間制限は、お隣の韓国や中国などではすでに法制化されているものの、日本では一部の地域の条例で推奨する動きがあるのみで、遅れている。本来は、アルコール、タバコ、ギャンブル、ポルノと同じく、社会的に未成年への規制をする必要があるが、ゲームの機能の進歩に、研究の成果、多くの人の理解、そして法律が追いつかない現状がある。だからこそ、ゲームについてだけは、先立って家庭で制限する必要があるといえる。

ちなみに、タバコは麻薬依存症へのゲートウェイ・ドラッグ（ドラッグの入り口）といわれている。ゲームが「デジタル・ドラッグ」ならば、その「ゲートウェイ・デジタルドラッグ」は、早いうちからデジタルに慣れ親しむ**スマホ育児**（51ページ）ともいえる。

②ビジョンを掲げる

ペナルティを設けることについても、あらかじめ子どもに理由を説明しておくと、ルールを守る意識が高まります。たとえば、「大人は遅刻をくり返すと仕事がなくなって給料がもらえず生活ができなくなる」「それと同じで、子どものうちから練習する必要があるよ」「交通ルールに罰金があるのと同じ」などです。

また、ゲームの制限については、「お菓子ばかりを食べてたら病気になるでしょ」「それと同じようにゲームばかりしていると心の病気になる」「やめたくてもやめられなくなるという病気なんだよ」などです。

こうしたルールを守る直接の理由に加え、もう一歩大きな視点からその意識を高める取り組みが、2つ目のポイント、ビジョン（目標）を掲げることです。「自分で生きていける大人になる」「家族で助け合う」などと、ルールを守った先の目標を明確化させるのです。特に、「家族で助け合う」というビジョンを掲げておくと、先ほどご紹介した**家事給料制**（195ページ）において、「お金がもらえないならお手伝いはしない」という発想になるのを未然に防ぐことができます。

実際、我が家でも小学生になった息子と「お手伝いをしたら10円」というおこづかいルールを決めた後、いつも進んで洗濯物を一緒に干していたのに、「これやったら、

〈図14：家庭のルール例〉

のびのびくんの家のルール

【わが家の目ひょう】

- **自分で生きていける大人になる**
- **家ぞくでたすけ合う**

【わが家のルール】

- **学校にちこくした日はゲームができない**
- **しゅくだいをおえていなかったら
つぎの日にゲームができない**
- **ゲームが１日１時間をこえたら
３日間ゲームができない**

2023年4月1日　しょめい ●●　●●　●●

お金もらえるんだよね？」と聞いてきたことがありました。ここであらかじめ「家族で助け合う」というビジョンを決めておけると、「いやいや、家族で助け合うことは変わらず必要なことだよ」「お金をもらう家事とは別に、これからもママとパパが困っていると思ったら、自分からお手伝いしてね」と、本来の目標を再確認させることができます。

このビジョンとペナルティを盛り込んだ家庭のルールを書面にして、子どもがよく見えるところに貼ります（図14）。なお、ビジョンのうながし方の詳細については、思春期（279ページ〜）をご覧ください。

③立会人を呼ぶ

さらに、子どもにルールを守る意識を高める工夫が、3つ目のポイント、立会人を呼ぶことです。これは、ルールを決めるときに、両親がそろうだけでなく、おばあちゃん、おじいちゃん、おばさん、おじさんなどの大人をなるべく多く呼んで、立ち会ってもらうことです。そして、立会人を含む全員が署名をするのです。

このように、子どもにたくさんの「目」を向けることは、みんなから見られているという意識を高めることができます。そして、子どもにルールを守らせるいい意味でのプレッシャーをかけることができます。

また、実は立会人の「目」は、ルールを課される側の子どもだけでなく、必然的にルールを課す側の親にも向けられます。つまり、親にもたくさんの「目」が向けられることで、親に常識的なルールをつくらせる、いい意味でもプレッシャーがかかります。親の独りよがりなルールにより、子どもの自由な時間を奪うリスクを避けることができます。中学受験のために過剰な勉強ノルマを課す**教育虐待**（108ページ）や、「お手伝い」と称して家事や下のきょうだいの面倒を任せきりにする**教育ネグレクト**（115ページ／そうした子は**ヤングケアラー**と呼ばれる）を監視する役割も果たします。これらは、「ブラック校則」ならぬ、「ブラック家庭ルール」といえるでしょう。

よい子がハマる「罠」とは?

のびのびくんとは対照的に、しっかり子ちゃんは、同じ小学2年生でありながら、ちゃんと挨拶をして、習いごとや塾にも毎日みっちり通っている様子です。その一方で、勉強するふりをして、こっそりマンガを読んでいます。彼女は、親の言うことをよく聞く**よい子**を演じているようです。そもそも、子どもは親の言うことを聞かない生き物です。それがむしろ自然で健全な姿です。

ここから考えてみたいのは、もし彼女が意識的によい子を演じているのではなく、無意識のうちによい子になりきっていたらどうなるか、ということです。しっかり子ちゃんがよい子になりきるリスクを、大きく2つあげます。そして、よい子がハマる「罠」を明らかにしましょう。

①自信はあるけど自尊心は低くなる

しっかり子ちゃんのママは、ガミ子さんに「少しでもできたら褒めたり、ご褒美をあげてみるの」とアドバイスしていました。これは、よい結果を出すという条件つきで褒める「**結果褒め**」です。

褒めるとき、ご褒美をあげるときの注意点として、遅刻などの望ましくないこと（制限すること）ができたときに限る、ということをご説明してきました。しかし、しっかり子ちゃんのママの発言から察するに、勉強のノルマがクリアできたりテストでいい点を取ったりするなどの、望ましいことができたことに対しても、褒めたりご褒美を与えているようです。

さらに、もしもしっかり子ちゃんのママがペナルティについても望ましくないことに限定せずに、望ましいことが達成されない場合にまで広げていたら、どうなるでしょうか？　たとえば、ノルマをこなせなかったら「やるって言ったじゃない⁉」「約束破ったたね」などと迫るのです。または、しっかり子ちゃんがテストでいい点を取れなかったら、ママが落ち込んだり、不機嫌になったりなどのかかわりをするのです。

きっとしっかり子ちゃんは、よい子であればあるほど、そんなママのかかわりに全力で応えようとします。そして、成績が伸びれば、もちろん自信がつくでしょう。しかし、その代償があります。

1つ目のリスクは、自信はあるけど自尊心は低くなることです。これは、親のかかわりが教育虐待のレベルで条件つきになりすぎると、子どもは「無条件に愛されていない」「自分には味方がいない」と受け止めてしまうからです。つまり、しっかり子ちゃんは、ママが条件つきにかかわればかかわるほど、自信はついていきますが、その分自尊心が低くなってしまうおそれがあるということです。もちろん、しっかり子ちゃんのママは、しっかり子ちゃんを嫌っているわけでは決してありません。しっかり子ちゃんの将来を考えて、よかれと思ってやっています。この**無知の善意**が危ういのです。

ここで思い出されるのが、幼児期に登場した厳男さんとビクビクくんです。しっかり子ちゃんママの条件つきの子育ては、管理的すぎる厳男さんの子育てと重なります（図7／117ページ）。

②逆にやる気がなくなる

また、もしもしっかり子ちゃんがママの期待に全力で応えているのに、成績が伸びない場合は、どうなるでしょうか？　学力（認知能力）は、その子その子で限界がある、つまり年齢が上がるにつれてもともとの資質（遺伝）の影響がどんどん大きくなっていくことをすでにコラム③（170ページ）でご説明しました。

2つ目のリスクは、逆にやる気がなくなることです。これは、できないことを強いられること（外発的動機づけ）によって、自分はできない（無力である）と学習してしまうからです。心理学では、これを**学習性無力感**（**参照15**）と呼んでいます。

自尊心が低いなか、成績が伸びずに自信まで失ってしまうと、**思春期の問題行動**（273ページ）に発展するおそれがあります。

参照15　学習性無力感：実際の動物実験において、犬に電気ショック（罰）を与え続けると、最初は逃げるのに、やがて逃げられないことがわかると、逃げるのをあきらめてしまい、その後に逃げられる状況になっても、逃げなくなることがわかっている。同じように、人間の心理実験において、もともと解決できない問題を解かされた学生は、その後に簡単な問題を与えられても取り組もうとしなくなることがわかっている。

なお、学習性無力感は、内発的動機づけ（内から沸き起こる気持ち）が外発的動機づけ（外から影響される気持ち）にすり替わる心理メカニズムとして、**アンダーマイニング現象**や**心理的リアクタンス**（126〜127ページ）につながる。

なんで友達と遊ぶことは必要なの？

のびのびくんは、家で一人でゲームに熱中しています。しっかり子ちゃんは、習いごとや塾に忙しそうです。どうやら、ふたりとも学校が終わってから友達と遊んでいないようです。それでいいのでしょうか？

児童期では、友達と十分に遊ぶこと、つまり、**仲間づくり**が必要であるといわれています。小学校3、4年生ぐらいになると、家族よりも友達と行動するようになりますが、心理学ではこれを**ギャングエイジ**（**参照16**）と呼んでいます。

児童期は、対人ストレスの小さい家庭から一歩外へ出て、対人ストレスの大きい仲間や友人グループといった、より高度な人間関係のなかで、人とうまくやっていく性格を育んでいく時期です。

人とうまくやっていけるかどうかは、非認知能力と関係が深いことはすでにご説明しました（93ページ～）。仲間に積極的に話しかけたり（自発性）、気遣ったりする（共感性）経験や、相手のデリカシーのなさ（鈍感さ）やその反対の過剰反応（敏感さ）に冷静を保ったり（セルフコントロール）、逆にツッコミを入れて笑いに変えたりする（自発性）経験を重ね、相手と**心理的な相互作用**（**参照17**）を起こすことで、その人の性格が形成されていくのです。

参照16　ギャングエイジ：「ギャング」といっても不良という意味ではなく、あくまでグループ行動をともにする同性・同年代の仲間という意味。グループ行動をするなか、仲間の意見や行動に流されやすくなる（同調）。その結果、男の子ははめを外した行動、女の子は仲間外れが見られるようになる。そうすることで、さらにグループの結束（同調）を強めている。

性格に影響を与える「友達」

友人関係が性格に与える影響の大きさは、行動遺伝学の研究結果からも明らかです。その人がどんな性格になるかは、遺伝が50パーセント、家庭外環境が50パーセントで

〈図15：性格への影響度〉

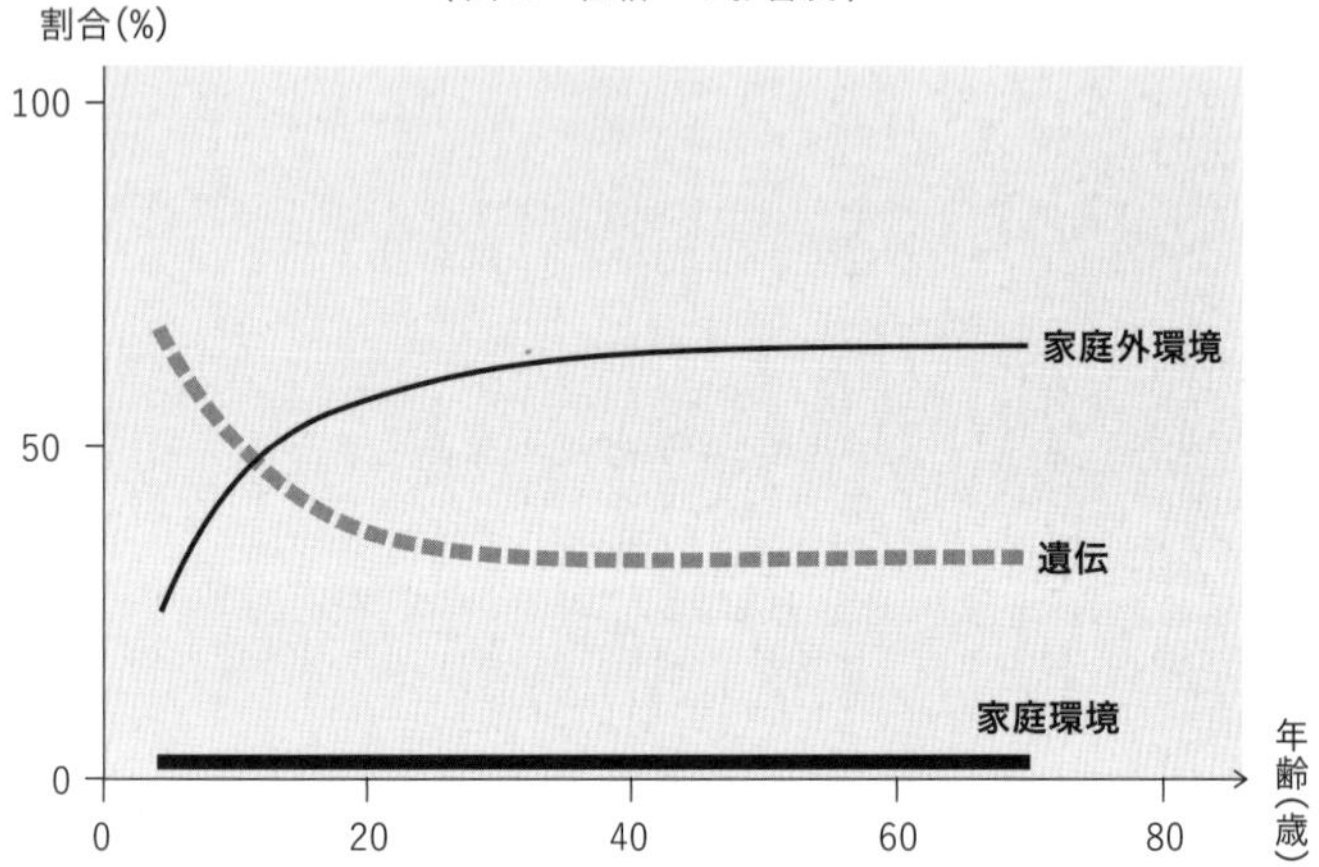

あることがわかっています（図3／40ページ）。さらに、児童期、思春期、成人期のそれぞれの時期で分けて見てみると、図15のようになります（※29）。このグラフから、年齢が上がっていくにつれて、遺伝の影響はどんどん減っていく一方、家庭外環境の影響はどんどん増えていることがわかります。

性格に大きな影響を与える家庭外環境とは、具体的に何でしょうか？　児童期から思春期の子どもが家庭外で最も多くの時間を過ごす場所、それはすなわち学校でしょう。そして、そこで**心理的な相互作用**（**参照17**）が最も起

こる相手といえば、友達でしょう。

もちろん、学校や塾の先生、テレビ・SNSなどのメディアや読書も、影響力はあるにはあるのですが、相互作用という点では小さいです。なぜなら、生身の友達とは違い、メディアや読書は匿名性が高かったり一方通行だったりします。また、学校や塾の先生は、好いてきたり逆に嫌ってきたりすることはまずありません（あったら大問題です！）。心理的な距離がある相手とは、自由な相互作用が起こりにくいといえます。以上から、どんな性格になるかは、友達の影響がとても大きいと結論づけることができます。

参照17　心理的な相互作用：心理的に自分と相手がお互いに働きかけ、影響を及ぼし合うこと。それを駆り立てる心理は、相手にしてもらえるという快感、相手にしてもらえないという恐怖、相手と同じ気持ちになる同調などが考えられる。なお、この相互作用は、児童期の仲間づくりだけでなく、思春期の**友情**や**恋愛**にも大きな役割があると考えられる。

友達と遊ばないとどうなる？

では、友達と遊ぶ習慣を持たないことは、その子の性格にどう影響するでしょうか？友達とのかかわりが少ないと、仲間づくりの練習ができず、人とうまくやっていく性格に成長できないリスクがあるといえます。

本人は友達と自由に遊びたいのに、毎日習いごとや塾に通わせることを優先してその機会を持たせない管理的な親は、**教育虐待**（108ページ）のリスクがあります。また、子どもの要求に流されて一人でゲームをさせ、結果友達と遊ぶ時間を軽んじる放任的な親は、**教育ネグレクト**（115ページ）のリスクがあります。

ギャングエイジと呼ばれる時期に仲間やグループに属さないことは、特有の煩わしさがない反面、煩わしい経験から学ぶ機会も持てず、ゆくゆく子どもが困ってしまう可能性が出てくるということです。

なお、児童期の仲間づくりで培った「人とうまくやっていく」感覚をベースに、思春期には気の合う特定の相手、つまり**親友**をつくり、人間関係を深めていきます。つまり、仲間づくりは**友情**の土台であり、なくてはならないものです。

中学受験はさせた方がいいの？

しっかり子ちゃんのママは、しっかり子ちゃんが小学2年生にして、中学受験の準備を始めていました。それでは、中学受験はさせた方がいいのでしょうか？　親が中学受験をさせたいと考える理由を主に2つあげて、実際のところはどうなのかをそれぞれ考察してみましょう。

①大人になってお金を多く稼げるから？

親が中学受験をさせたがる1つ目の理由は、最終的にいい大学そして会社に入り、お金を多く稼げると思っているからです。これは根強い学歴社会を意識した親心です。実際のところ、どうなのでしょうか？

再び行動遺伝学の研究において、男性の収入への遺伝、家庭環境、家庭外環境のそ

〈図16：男性の収入への影響度〉

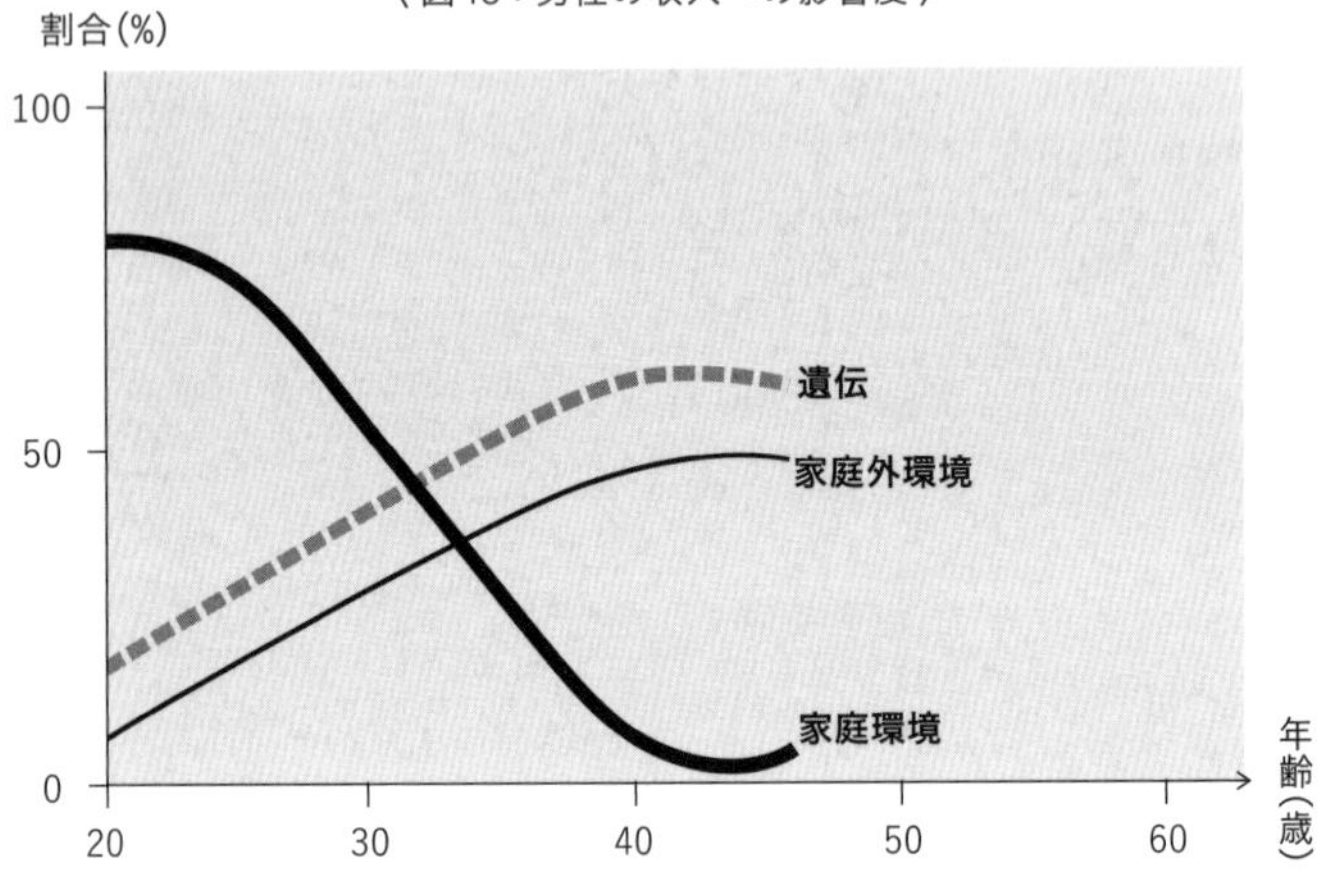

れぞれの影響度の経時的な変化をグラフ化すると、図16のようになります（※14）。このグラフから、20代前半に仕事に就くタイミングでは、収入への家庭環境の影響は80パーセント近くと高く、年齢が上がっていくにつれて、遺伝と家庭外環境の影響がどんどん増えていき、影響度が逆転するということがわかります。

　つまり、男性の収入について、大人になって仕事を始める時点では、親の影響の結果（家庭環境／41ページ）としての最終学歴やコネ入社などの影響はかなり大きいのですが、その後にど

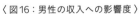

んどん小さくなっていき、最終的には、けっきょく本人の遺伝的な資質と家庭外環境（職場での人間関係やその時々でたまたま遭遇する仕事のチャンス）の相互作用が大きくなっていくということです。

新卒でいい会社に入ったとしても、後々その会社で活躍して稼げるかどうかは、その人の遺伝的な資質と、偶発的な巡り合わせが左右する。親が下駄を履かせていい職場に就職できたとしても、その後高い収入をキープできるとは限らない。以上が、図16の行動遺伝学の研究結果からわかることです。

この結果をどうとらえるかは人それぞれでしょう。

それでもやはり、条件のよい会社で社会人としてのスタートをきらせてあげたい、苦労する可能性の低い道を歩ませてあげたい、と考える親御さんも少なくないかもしれません。

そのためには、たとえ本人にその気がなくても、親が主導権を握って中学受験をさせ、いい学校に行かせることが望ましいでしょうか？　エスカレーター式でいい大学まで進ませ、そのままいい会社に入ることが、その子にとって安泰でしょうか？

長期的かつ広い視野を持つために、もう少し考えていきましょう。

②「よい」友達に巡り会えるから？

親が中学受験をさせたがる2つ目の理由は、「よい」友達に巡り会えると思っているからです。「よい」友達の影響を受けて、向上心が芽生え、勉強やスポーツに励むことを期待する親心です。エリート校には、大人になってからのコネクションへの期待もあるでしょう。裏を返せば、「悪い」友達から影響を受けて「悪い」性格になってほしくないという親心です。実際のところ、どうなのでしょうか？

40ページでもお伝えしましたが、性格への家庭環境（親のかかわり）の影響はほぼ0パーセントであることがわかっています。性格は、遺伝（本人の気質）と家庭外環境（多様な友達との偶発的な出会い）の相互作用によって育まれます。それならば、どんな学校に進学するのか、その学校にどんな学生が集まるかは、親にとっても気になることでしょう。

ここで、誤解がないようにしたいことがあります。それは、親が子どもに中学受験を強いた場合、その進学先の学校は、厳密には、家庭外環境の要素が小さくなり、家庭環境の要素が大きくなっていくということです。平たく言うと、「家庭環境」は親からの影響で、「家庭外環境」は親以外からの影響ですから（41ページ）、当然といえば当然です。

つまり、親から何も言われず、友達が中学受験するのを知って、本人が自分から親に中学受験をしたいと希望した場合、その進学先の学校は家庭外環境の要素が占めることになります。さらに厳密に言えば、その進学に影響するのは、中学受験する友達（家庭外環境）と相互作用する本人（遺伝）ともいえます。また、親が強いるのではなく、親が提案して、本人がその気になった場合、その進学先の学校は、家庭環境の要素がやや大きくなるということです。

以上から言えるのは、親の影響のもとで中学受験をして進んだ学校では、その後に本人の性格に影響を与える友達ができるとは限らない、ということです。

この点で、エリート校に入ってしまうと、エリートという多様性がない環境であるため、本人と気の合う（相互作用を起こす）友達に出会えないというリスクも考えられます。いくら親が「よい」と思うクラスメイトたちに本人が囲まれていたとしても、気が合わなければ、性格が育まれない、つまり成長しないということです。これは、エリート出身のひきこもりが少なくないことを説明できるでしょう。

友達づくりでコミュニケーション能力が育まれないと、人とうまくやることができず、社会に出てから苦労する可能性があります。すでに2章でも触れましたが、親が受験を意識するあまり子どもを勉強漬けにすることは、子どもの心を折れやすくしたり、自発性を乏しくしたりするリスクがあります。そのままでは、大人になってから仕事へのやりがいや生きがいを見いだすのが難しくなってしまうかもしれません。

また、親主導の中学受験がうまくいったとしても、思春期でしっぺ返しがくることもあります。それまでに蓄積した問題が、行きすぎた反抗行動や不登校というかたちで噴出するのです。この例は4章の思春期（255ページ〜）にて詳しくご紹介しています。

子どもにとって望ましい学校とは？

結論としては、親が子どもに中学受験を強いることで、その子どもが大人になってからお金を多く稼ぎ続けられたり、より「よい」友達に恵まれたりするという当初期待していたベネフィット（得）はほとんどないということがわかります。

むしろ親が独断で決めた進学先は、子どもから「人とうまくやっていく」性格を育むための機会を奪うリスクがあり、親が主導する中学受験は、思春期での問題行動につながる可能性もあることがわかりました。

ベネフィットがあるとしたら、やはり本人が親への忖度なく自分から望んで進学先を決め、中学受験することでしょう。

では、子どもにとって望ましい学校とは、何でしょうか？

エリート校の真逆である教育困難校は、非行やいじめがはびこっている環境であるため、そもそも勉強をしたり友達をつくったりするという当たり前のことさえできないというリスクが考えられ、望ましくないのは明らかです。

子どもにとって望ましいのは、やはりその学校が**社会の縮図**であるような、ほどほどによい学校でしょう。

学校は、子どもが社会に出るための練習をする場所です。さまざまな人との出会いや多彩な体験を重ねるなかで、性格を育み、その環境に影響を受けながら自分はどう生きていきたいのかを考える場所です。

本人の遺伝的な資質を磨くという意味においても、その環境は実社会と同じく、多様であることが理想です。長い目で見れば、多感な時期（いわば敏感な時期）にさまざまな刺激を受けることは、その子にとってかけがえのない経験です。

つまり、エリート校のような完璧な教育を目指さない学校、名づけるなら「**グッド・イナッフ・スクール**」です。この「グッド・イナッフ」＝「ほどほどによい」という言い回しは、乳児期でご説明した完璧な子育てを目指さない**ほどよい母親（グッド・イナッフ・マザー）**（54ページ）に重なります。

まとめ

1 子どもの生活を自立させるには、まず本人に任せることである。

2 子どものタイプに合わせて褒め方、叱り方を工夫する必要がある。

3 子どもの生活を自立させるために、家庭のルールやおこづかいルールを活用することができる。

4 よい子がハマる「罠」とは、自信はあるけど自尊心が低くなること、逆にやる気がなくなることの2つがある。

5 友達と十分に遊ぶことは、仲間づくりの練習をして人とうまくやっていく性格に成長するために必要である。

6 子ども自らが望まない中学受験には、さまざまなリスクがある。

こんなとき
どうする？
Q29

子どもの忘れ物が多い！

忘れ物が多いと叱る

△

忘れ物がないように
代わりに用意してあげる

×

おこづかいルールの項目を
「忘れ物をしない」にする

◎

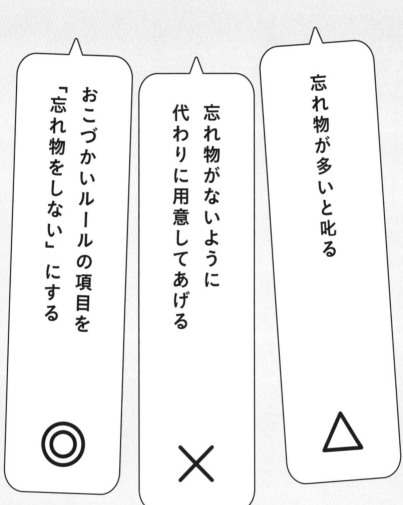

A

ただ叱っても一定の効果は期待できますが、くり返すうちに効果がなくなったり、自尊心を損ねたりするリスクがあります（199ページ）。だからといって親が先回りしてやってあげると、本人に頼る癖がついてしまうだけです。できないうちは、しばらくの間だけ一緒に用意してあげてお手本を見せ（モデリング）、少しずつ本人に任せていくことです。

また、本人の意識ややる気を高める取り組みとして、194ページで紹介した**おこづかいルール**に組み込むことは効果があります。しっかりルール化されることで、「自分でやるべきことなんだ」という自覚をうながします。

なお、いつまでも改善が見られない場合は、ADHD（注意欠如・多動症）などの発達の特性による可能性もあるため、専門機関での相談が必要です。この点で、**家庭のルール**をつくるときは、本人の様子を見ながら、努力でどうしようもないことについては項目には入れないようにする必要があります。

子どもから「なんで勉強しなきゃいけないの？」と聞かれたら？

「しなきゃいけないに決まってるでしょ」と叱る

×

「楽しいでしょ。だって……」と笑顔で答える

○

「なんでだと思う？」と聞き返す

◎

A

答えるのが難しい質問ですが、ヒントとなるのが、ものごとのプラスの面に目を向ける**リフレーミング**（190ページ）です。「勉強は大変」「しなければいけないもの」というマイナスの印象を、プラスに変えるような答えを用意してあげると、勉強に対するイメージが変わり、本人が前向きに取り組めるようになります。解答例としては「勉強ってロールプレイングゲームのアイテムのようなもの。がんばって手に入れとくとあとで役に立つよ」などです。親が答えを出さず、本人に考えさせるように仕向けるのもよい対応で、自分で考えれば納得して取り組めるようになります。回答例は201ページも参考にしてください。

なお、子どもの質問の意図に思いを巡らすことも必要です。実は知的な遅れ（知的障害）や読み書きの困難（学習障害）、ＡＤＨＤ（注意欠如・多動症）などの発達の特性のサインであることがあります。その場合は、やはり専門機関に相談して、学校での合理的配慮を検討してもらう必要があります。

子どもが「大変になってきたから塾をやめたい」と言ってきたら？

続けなさいと叱る
×

やめさせる
○

あと半月は続けるようにすすめる
○

A

塾は学校の勉強のオプションであり、やるかやらないかは本人の問題です。中学受験の項目（221ページ）でもご説明した通り、本人にやる気がないなら、無理にやらせる効果は、短期的にはあっても、長期的にはほぼありません。望み通りやめさせて、本人が自らやりたいことを探す方が有意義ともいえます。

子どもならではの、一時的な思い込みから短絡的になっている可能性もあるため、すぐにはやめさせず、しばらく様子を見ることも大切です。すでに授業料を支払っている場合などは、親の気持ちの整理のためにも半月は必要でしょう。この経験を活かし、次に塾や習いごとをやるときは、本人の思いつきで浪費しないために、やる前にやめるときの取り決めをすることをおすすめします。

なお、一方的に叱りつけてできないことをやらされ続けると、「自分はどうせできないんだ」という**学習性無力感**（214ページ）に陥るリスクもあります。行きすぎると教育虐待にもつながります。

3章　児童期

子どもが「学校に行きたくない」と言ったら？

「とりあえず行きなさい」と叱咤する

△

とりあえず休ませる

○

担任の先生に相談する

◎

A

まず第一に学校に行きたくない理由を聞くことです。その内容によって臨機応変に対処する必要がありますが、親が困るのは、本人に聞いても明確な理由がよくわからないときでしょう。

低学年では特に学校に行きたくない理由をうまく伝えられない子どももいます。親に甘えたい気持ちから「行きたくない」と言うケースもあれば、実は風邪をひいていて体調不良を説明できないケースもあります。前者であればその気持ちを受け止めてあげてから「とりあえず行きなさい」と励ましたり、がんばり表やおこづかいルールに「学校へ行くこと」を追加したりすることで、行けるようになる場合もあります。後者であれば数日休ませて様子を見るとよいでしょう。

欠席が１週間以上続く場合は、担任の先生と連携を取るべきでしょう。Q30と同じく、発達の特性（発達障害）が原因となっている可能性もあります。

なお、小学校高学年以降の不登校については、思春期の不登校について（３０４ページ）もご参照ください。

こんなとき
どうする？
Q33

子どもが「おこづかいをもっとちょうだい」と言ってきたら？

だめだと言う

△

そのつどあげる

×

その必要性を詳しく説明させる

◎

A

一番まずいのは、子どもがおこづかいを求めるたびにあげてしまうことです。お金の使い道を親が把握しやすいというメリットはあるものの、子どもがおねだりを当てにして、自分でお金を管理しようとしなくなり、心理的な自立を阻《はば》むリスクがあります。実際に、私たちが対応した不登校の相談事例の大半で、**おこづかいルール**がないこと（必要に応じてあげている）が判明しています。自立をうながすためにも、おこづかいはルール化して（194ページ）、自分で管理させることをおすすめします。

臨時のおこづかいを求められた場合は、一方的に突っぱねず、必要な理由を説明させることです。これは、おこづかいルールを交渉制（198ページ）にするのと同様、本人の自立をうながす効果があります。なぜ必要か、どう使うのかの見通しをプレゼンさせるのです。もちろん、子どもの年齢におけるおこづかいの相場を伝え、限度があることを説明する必要もあります。

子どもがお年玉でどんどん買い物をしようとしたら？

没収する
×

様子を見る
△

制限金額を決める
○

A

お年玉は、子どもの金銭感覚を狂わせるという意味で、親にとっては悩ましい習慣です。一時的であれ大金が手に入ったことによって、取り決めたおこづかいルール（194ページ）が機能しなくなるおそれがあります。普段のおこづかいと同様に自分で管理させてしまうと、手元に使えるお金が豊富にあるためにルールを守らなくなるかもしれず、注意が必要です。

お年玉もルールを決めて部分的に親が管理するべきでしょう。あくまで本人がもらったお金なので、事前に説明しておくことが必要です。一方的に没収してしまうのは、子どもとの信頼関係を損ねます。お年玉は儀式であることを説明し、制限金額を決めて、残りは親に預ける約束とします。または本人の通帳をつくって貯金させれば、さらに自立をうながすことができるでしょう。

「お宅のお子さんはしっかりしてますねえ」と子どもの目の前で言われたら？

「いいえ、全然だめですよ」と謙遜する

△

「そうなんですよ」と素直に喜ぶ

△

「励みにします」と笑顔で感謝する

◎

A

マンガの177ページでも同様のシーンがありましたが、日本人特有の謙遜の文化は、グローバリズムが進むなか、ある意味危うい風習とも言えるでしょう。なぜなら、その言葉が嬉しくても嬉しくなくても、渋い表情で否定するのが礼儀とされ、人間関係を複雑にさせるだけだからです。褒められたらそのまま受け止めればいいのですが、相手によっては「偉そうだ」と思われてしまいます。

謙遜の文化がよくわからない子どもの前では、大人同士の会話にも配慮が必要です。親の謙遜を真に受けて「実は自分はだめなんだ」と自信を失ってしまうかもしれません。会話の流れでつい謙遜してしまったり、どうしても謙遜しなければならなかったら、その後は素直に子どもに謝り、謙遜の文化をきちんと説明する必要があります。

相手の気持ちを損ねない対応としてはシンプルに御礼を伝えることです。子どもには「○○さんに言われて嬉しいね」「もっとがんばりたくなってきたね」とポジティブに話を広げていくことも効果的です。

3章　児童期

子どもがうそで
ごまかそうとしたときは？

「うそでしょ！」

としつこく迫る

△

「しょうがないわね」と言い、
何もしない

×

「神さまはいつも○○くんを
見ているけど、どう思うかな？」
と本人に考えさせる

◎

A

うそをついている証拠がない場合に、頭ごなしに「うそでしょ！」と決めつけてしまうのは、親子の信頼関係が揺らぐため、避けたい態度です。子どもはうそをつくものだからと黙認するのは無関心がすぎ、うそつきも助長します。

神さまやお天道様を出すのは、本人を客観視させる取り組みで、**「心の観客効果」**と呼ばれています。よくある刑事ドラマのワンシーンで、刑事が容疑者の耳元で「田舎のおふくろさんが泣いていますよ」などと囁くと容疑者が口を割るというシチュエーションと同じです。本人に刺さる相手を「心の観客」にすることで、正しい対応に導きます。他に「天国のおばあちゃん」「カミナリさま」なども効果的です。ちなみに私たちの息子は「サンタさんはいい子にしかプレゼントくれないからなあ」と言われると、自白していました。

ただし、毎回使うと効果が薄れるので、やはりここぞというときに使うのがいいでしょう。

友達が「叩かれた」と言って泣いているが、本人は「叩いてない」と言い張っているときは？

「叩いたでしょ！」と迫り、無理やり謝らせる

△

「お友達は今どんな気持ちになってると思う？」と考えさせる

○

「また同じことが起きそうになったら、どうすればいいと思う？」と考えさせる

◎

A

仲裁役の大人の心得として、子どもに相手の気持ちを考えさせること（共感性）、証拠に基づいて公平さを保つこと（ルールの学習）の2つがあげられます。最初から、「叩いたの？　どうなの？」と詰め寄っても、押し問答になるだけです。まずは「○○くんは痛いって言ってるよ」などと、**感情の言語化**（67ページ）をすることで、冷静になる時間をつくります。自分はたいしたことないと思っても相手はそう思わないこともある、つまり相手には相手の心があるという意識をうながし、謝る気持ちを起こさせます。

現場を見ていない限り、叩いたかどうかについては掘り下げない方が無難です。証拠もないのに無理やり謝らせたら、子どもとの信頼関係が崩れます。同じ理由で、泣いているから、強く主張するからと、どちらか一方の言い分だけを鵜呑みにしないことです。これは、リーダーシップのよいモデルです。さらに、同じことをくり返さないための対策を本人たちに考えさせることも大事でしょう。

こんなとき
どうする？
Q38

子どもが「授業中に大きなおならをしちゃった」と笑いながら打ち明けてきたら？

「えー、恥ずかしい！」と
しかめっ面をする

△

「やっちゃったね」と笑う

○

「そのあと、どうなったの？」

と掘り下げる

○

A

人前でおならをするのは、マナーとして褒められたことではありませんが、わざとやったことでもないわけです。むしろ子どもは気まずい思いをしながらも、すでに笑いながら話している時点で、ユーモアのセンスで乗り切るたくましさがあります。ここはそのユーモアに乗っかって、一緒に笑ってあげることです。ここで、親が「恥ずかしい！」と過剰に反応してしまうのは、ネガティブな面に目を向ける「呪いの言葉」（**暗示**）になってしまいます。

さらに話を掘り下げていくのは、教育心理学で推奨される「**3つのH**（褒める、励ます、広げる）」の中の「広げる」です。「ママ（パパ）だったら、変顔もするね」「先生おならしちゃダメじゃないですかってふざけて言ったら、どうなっただろうね」などと話を盛り上げていくことが、コミュニケーションのよいお手本になります。子どもが失敗したときは、ネガティブになる「呪い」ではなく、ポジティブになる「魔法」をかけてあげたいですね。

こんなときどうする？
Q39

子どもから「セックスって何？」といきなり聞かれたら？

「そんな変なこと聞かないで」とたしなめる

×

「どうやって知ったの？」と聞き返す

○

わかりやすくセックスについて説明する

◎

A

性の話はタブー視せず、いつ聞かれてもいいように答えを用意しておくといいでしょう。いきなり聞かれて動揺し、はぐらかしてしまうと、その後本人が性の悩みを相談しづらくなってしまいます。

まず本人の基礎知識や情報の入手経路を確認することは、説明をわかりやすくするために役立ちます。説明としては「男の人と女の人の体の中には赤ちゃんのもとがそれぞれ半分あってね、男の人はおちんちんを使って、女の人の膣に、そのもとを送り届けるの。そしたら赤ちゃんができるの」「この前に見たカブトムシの交尾と同じだよ」などです。ここで大事なのは堂々と説明することです。恥ずかしいことではないというメッセージを伝えるためです。

日本は性教育において世界的にかなり遅れているといわれています。学校教育が当てにできない点で、家庭での取り組みが必要になってきます。初潮や精通についても、家庭であらかじめ伝えることをおすすめします。思春期になると性の話を親とするのを嫌がるようになるため、素直に受け止めてくれる児童期に先手を打つことをおすすめします。

3章 児童期

こんなとき
どうする？
Q40

子どもが「サンタクロースっていないんだね」と聞いてきたら？

「実はいないよ。やっと気づいたね」と答える

○

「なんでそう思うの？」と聞き返す

◎

「気づいたってことは、きみがサンタになるときが来たってことだよ。それはね……」と話を広げる

◎

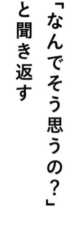

A

正直に「いない」と答えるのは悪くはないですが、3つのH（249ページ）を使って、話を広げられるといいでしょう。

どうしてそう思うのかを聞き返すことは、論理的思考をうながす返答です。ここで特にはっきりした理屈を言ってこなければ、「パパとママはいると思う。ほんとにいないと思う？」とより深く話を突っ込んでみるといい刺激となるでしょう。

いないと確信している場合は認めた上で、そこから話を広げられると素敵です。「今まではパパとママはきみにクリスマスという日を楽しみにしてほしかったからなんだよ。プレゼントを見つけて喜んでもらいたかったからなんだよ」「今は、体も大きくなって、心も大きくなった。だって、みんなに優しくなったでしょ。みんなのことを考えるようになったでしょ」「だから、今度はきみが誰かにプレゼントをあげる番なんだよ」「まずは、今度のクリスマスにこっそり○○ちゃん（弟妹や近所の小さい子）にあげるのはどう？」と伝えるのです。これは「**サンタミッション**」と呼ばれています。

4章

思春期　12～18歳

\思春期マンガ/

子どもの幸せって何？

最近
娘の様子がおかしい
オロオロ…
最近学校休みがちだけど
何かあったの？
ママ、ママ～！
テストがんばったよ～！
今まであんないい子だったのに…
ツーン
別に…
フー
え゛～～っ
うちの子いったいどうしちゃったの？
空《むな》しい子さん
(中2)
最近学校休みがち
押しつけ子さん
娘のためにがんばる

3年前
ファイト
志望校決め
私たち親子は中学受験を
二人三脚でがんばり
大変だけど娘のために
zz〜
zz…
バディになって
乗り切るのよ！

晴れて志望校である
有名女子校に入学した！

順風満帆に見えた中学生生活だったが…
―現在
…
ザワ ザワ…
学校つまんない
タンッ
…
タタッタ

トン
トン
トン
おかえり！
今日はあなたの好きな
ハンバーグよ！
友達と
食べてきたから
いらない
大好きな
ハンバーグが
いらない
なんて・・・
うっ
う～～ん
ポン
学校つまんない
君は悪くないよ。
悪いのは、親と学校だよ
この人だけは
自分のこと
わかってくれてる

ポンッ
……!
今日は具合どう？
…
何か言ったらどうなんだ！
…
…うるさいなあ！
ガタッ
も〜っあなた〜
ポン
ポン

数日後
よく来てくれたね
スクールカウンセラーの杉野珠理です
こんにちは!
杉野珠理
臨床心理士
じゅり先生でもじゅりちゃんでもどっちでも好きな方で呼んでね〜!
にこ〜〜〜
担任の先生経由で話は聞きました
え?この男だれ!? どういうこと?
今度会おうよ!
制服のままで来て!
ひぃ〜っ〜
お母さんがあなたのスマホ見ちゃったこと
プライバシーの侵害だよね
私からも話しておくからね
はい…

…この男の人とメールしてると楽しい？
…あの人だけはわかってくれると思ってたから…
素敵な人だと思ったんだね
…会っていいと思う？
う〜〜ん
世の中にはあなたの知らない怖い人もいるから
正直、中学生のうちは会わない方がいいと思う
そうだよね
最初からわかってたんだね
しっかりしてる…

なんか最近どうでもよくなってきて
どういうこと？
…
小さい頃からうちのママって
「あなたにこれだけお金かけたんだからがんばりなさい」
「あなたのためを思ってるんだから」
ってそればっかり
こっちが頼んでるわけでもないのに…

某心療内科にて三者面談
―さらに数日後
お母さんに
お聞きしますが…
お母さんは娘さんに
将来どうなって
ほしいのですか？
そりゃあもちろん
学校の勉強をしっかりして
よい大学に入って
よい会社に
入って
よい人と結婚して
よい家庭をつくって…
うん
うん
なるほど
よくわかりました
それはどうしてでしょう？
え？

4章 思春期

それはもちろん娘に幸せになってほしいからです！
娘さんが望んでるのは
別の幸せのかたちだとしたら？
もしかしてさっきおっしゃった幸せというのは
お母さん自身の幸せなんじゃないですか？
お金がないと不幸
結婚が幸せ
子どもがいないと可哀相
思い込み
そんなこと…
お母さん

空しい子さんは
もう14歳です
自分のことは
自分で決める
大人になりつつあります
いつまでも
子ども扱いする
のではなく
大人と大人の関係として
一緒に考えていくのは
どうでしょう?
…!
!

じゅり先生〜!
もう一人カウンセリングをお願いしたいのですが…
ガラッ!!
ビクゥッ!!
荒田智史
精神科医
荒田先生わかりました…
あーびっくり
?
何見てるんです?

4章のキーワード

反抗

アイデンティティ確立

思春期危機

大人扱い

アサーション

親友づくり

レジリエンス

いじめ

不登校

異性とのかかわり

思春期とは、小学校高学年から成人するまで、つまり中学校と高校に通う期間で、だいたい12歳から18歳になります。この時期の発達段階は、親友とのかかわりなどによって、自分はこうなりたいと夢を持つ、つまり**心のあり方**を育むことです。家を建てることに例えるなら、壁紙の色や家具を選び表札を出すなど、最後のインテリアを決めて自分の家にすることです。

みなさんは、自分の子どもがなるべくなら思春期に反抗してほしくないと思っていませんか？　反抗させないようにするにはどうすればいいかと考えていませんか？　なぜ思春期の子どもは空しい子さんのように反抗するのでしょうか？　さらに、なぜ空しい子さんはＳＮＳでつながった知らない男性とやり取りまでするようになったのでしょうか？　そして、スクールカウンセラーの珠理先生が押しつけ子さんに伝えた「大人と大人の関係」とは具体的にどんなことで、どんな効果があるのでしょうか？

実際のところ、思春期の子どもへのかかわりは、どうすればいいのでしょうか？ここから、科学的根拠を踏まえて、その答えを一緒に探っていきましょう。

なんで反抗するの？

空しい子さんは、母親から話しかけられても、「別に」「うるさいなあ！」と冷たく接するようになっています。好きな食べ物をつくってもらっても「友達と食べてきたからいらない」と言って、家族で一緒に食べようとしません。母親の押しつけ子さんは、「今まであんないい子だったのに」とショックを受けています。

このように、挨拶や返事をせず、親とかかわろうとしなくなり、言うことを聞かなくなることを**反抗**といいます。親は「人生の先輩」でもあり、親の言うことをよく聞いていた方がうまくいく（少なくとも親はそう確信している！）のに、子どもはあえて言うことを聞かなくなります。それはなぜなのでしょうか？

そのわけは、心の独り立ちをするためです。これは、親から心理的に離れていくこと、つまり**心理的な自立**です。ちなみに、体の独り立ちをするのは乳幼児期の「イヤイヤ期」や「やるやる期」です。これは、親から身体的に離れていくこと、つまり**身**

体的な自立です。

心理的な自立を経て、自分はこうなりたい、これを仕事（役割）にして生きていく、という自分らしさを考えるようになるのです。これは、発達段階の**アイデンティティ確立**（エリクソンによる／34ページ）に当てはまります。

なんで反抗は「ある」の？

ここでみなさんは、こう思いませんか？　もっと親が管理して反抗させないようにすれば、自然な独り立ちができると。しかし、それは逆です！　反抗することでこそ、「自然」な独り立ちができるのです。どういうことでしょうか？　なぜ反抗は「必要」なのでしょうか？　再び進化心理学（１０３ページ）の視点で解き明かしてみましょう。

約６５００万年前に、霊長類が誕生し、群れをつくるようになりました。子どもは成長すると、母親から離れて群れの中に入るために、「自分の身は自分で守る」「もう大人だ」というアピールを母親や群れの仲間にしたでしょう。これが、反抗の起源です。実際に、私たち人間と同じ社会的動物であるベルベットモンキー（サル）も、思春期になるとわざと親から離れて、天敵に近づいて挑発することがわかっています（※30）。

人類の誕生は約700万年前にさかのぼりますが、言葉という高度なコミュニケーションを取り始めたのは約20万年前のこと。つまり、それまで気の遠くなるような長い歳月、人類は身振りと態度だけで家族や部族と意思疎通していたわけです。体が成長した「子ども」が、あるときに親にもう育ててもらわなくてもいいというメッセージを「反抗する」という態度で示すよう進化したと考えられます。そうすることで人類は子孫を残してきました。それが、現在の私たちです。逆に言えば、反抗しないで親から離れなければ、狩りや子育てに参加できず、飢餓と隣り合わせの原始の時代には、生き残って子孫を残せなかったでしょう。

以上から、反抗は本能であり、とても原始的な能力（機能）であることがわかります。愛着（32ページ）や非認知能力（94ページ）と同じであるといえます。そう考えると、反抗はごく自然なことであり、逆に親が反抗させないようにすることこそが不自然であることがわかります。

なんで困ったことをするの？

空しい子さんは、親を無視するだけでなく、ＳＮＳでつながった知らない男性とやり取りまでしていました。思春期の反抗行動にはさまざまな事例が見られますが、実際にはその他に、過激なＳＮＳ投稿、食べ吐き（摂食障害）、リストカット（自傷行為）、家庭内暴力、喫煙、飲酒、ドラッグ、パパ活などがあげられます。そして、本人はやってはいけないことだと薄々わかっています。親の言うことを聞かないだけならまだしも、なぜあえて困ったことをしようとするのでしょうか？

思春期は、体の変化とあいまって心（脳）も劇的に変化します。その劇的さゆえに、気持ちが不安定になりやすく、ものごとを極端に考えるようになってしまいます。親と口をきかなくなるなど、多少の反抗行動は成長の過程として自然ですが、なんらかの要因でその不安定さが煽《あお》られてしまうと、激しい反抗行動に発展してしまいます。

ここからは、思春期の子どもが抱える特有の心理（**思春期危機**）を大きく３つ取り上げ、思春期の心で何が起きているかを解説していきましょう。

①「自分には味方がいない」という心理

思春期になると「自立したい」という気持ちが高まりますが、「もう親の世話にならない」という反抗の心理が極端になると、その裏返しとして「もう親に頼れない」と自分を追い込んで不安を感じるようにもなります。

1つ目の心理は、自分には味方がいないと思ってしまうことです。思春期は、自立への不安から自分のことをわかってくれそうな新しい味方を求め、(親からすると)危険な交友関係に足を踏み入れやすくなります。

空しい子さんは、心理カウンセラーの珠理先生に「小さい頃からうちのママって『あなたにこれだけお金かけたんだからがんばりなさい』『あなたのためを思ってるんだから』ってそればっかり」と不満を打ち明けています。空しい子さんは、親のかかわりが「条件つき」であることを疑っているようです。

自分ががんばることで親からよくしてもらっているということは、逆にがんばらなくてもよくしてもらえるという保証はありません。親が条件つきでかかわり続けると、子どもは無条件に自分を守ってくれる存在、つまり安全基地（32ページ）がないと思ってしまいます。そのよりどころのなさが、空しい子さんの自尊心を低くし、不安をより強めています。

児童期までは、たとえ親のかかわりが条件つきであっても、言うことを聞かないと生きていけないと子どもは思い込んでいるため、無意識的にも意識的にも必死に親の言うことを聞き、ご機嫌取りもします。たとえば、中学受験がうまくいかずにがっかりしてふさぎこんでしまっている親を、子どもが慰めるという逆転現象です。

しかし思春期になると、反抗の心理によって、親のかかわりが条件つきであることに気づいてしまいます。また、自分の心を俯瞰できるようになることで、その空しさに気づいてしまうのです。空しい子さんは、その「空しさ」という空っぽの心を、思春期特有の好奇心とあいまって、ＳＮＳで知り合った誰かに満たしてもらおうとしたのでした。

②「大人扱いしてくれない」という心理

2つ目の心理は、**大人扱い**をしてくれないと思ってしまうことです。大人扱いしてほしいという心理は、反抗の心理として自然に湧き上がってくるものです。本来は、親も少しずつ本人に任せていけばいいのですが、いつまでも子ども扱いしていると、本人は嫌気が差すようになります。そして、自分が子どもではないことを親にわからせるために、親がやってはいけないということをあえてやろうとするのです。

空しい子さんは、中学受験という大義名分があったがために、二人三脚という名のもと、親に徹底的に管理され、押し込められていたことが想像されます。その気分を親が引きずったまま子ども扱いし続けると、その反動から子どもは激しく押し返すようになります。

同時に、反抗するという行為自体の快感によって、空っぽの心を満たそうともしています。本来、反抗は自立するという目的のためのプロセスであるはずです。ところが、そのプロセスを押さえつけられると、反抗自体が目的化されてしまう、つまり反抗するために反抗するようになってしまうのです。

③「何をしたいかわからない」という心理

思春期は、「何でも自分で決めなければならない」というプレッシャー（＝アイデンティティ確立へのプレッシャー）を強く感じながらも、じゃあ自分は何をしたいのか、どうなりたいのかがそもそも思いつかず、葛藤を抱えがちです。

3つ目の心理は、何をしたいかわからないと思ってしまうことです。ときとして、とりあえず何かをするために、他の子にはできないすごいこととして、大人の真似ごとをしようとし、それが問題行動となる場合があります。

空しい子さんが「なんか最近どうでもよくなってきて」と無気力なのはなぜでしょうか？　せっかく志望校に合格して、本来はその学校でやりたいことがたくさんあるはずなのに、です。

そのわけは、親から言われたことをやるだけに慣れてしまって、親から言われなくてもやるという**勤勉さ**（エリクソンによる／34ページ）が十分に育まれていないせいだと考えられます。思春期になっていざ「自分のことは自分で決める」となっても、自分はどうしたいのかがわからず、その反動として無気力な態度になるのです。

空しい子さんは、これら3つの心理によって、知らない男性とSNSでやり取りをしていたのでした。こうした思春期の時期に、自尊心が著しく低くなる（あるいはもともと低い）と、自分を大切にしなくなります。それがリストカット（自傷行為）であったり、自分を安売りするパパ活です。また、大人扱いされない代償として、唯一自分がコントロールできる体重にこだわるようになります。それが、食べ吐き（摂食障害）（詳しくは333ページ）です。

そう考えると、空しい子さんが携帯をリビングのテーブルに置き忘れていったのは、無意識にも親に見せつけるためのアピールであったり、自分の空しさに気づいてもらうためのサインであったりする可能性も考えられます。

つけ加えると、14歳になると男子は武器を持ち、女子は結婚できる原始の時代に近い社会では、反抗という概念自体が存在しないとの指摘があります（※31）。これは、早い段階で子どもを大人扱いし、大人としての役割を与えられているため、反抗が目立たず、あったとしても大人同士のトラブルとして受け止められるからであると考えられます。

思春期の子どもにどう接すればいいの？

思春期の子どもは、親から自立して自分を確立していくために、さまざまな葛藤や不安を抱えていることがわかりました。では、そんな思春期の子どもたちに、親はどのように接すればいいのでしょうか？　マンガでは空しい子さんに、スクールカウンセラーの珠理先生が対応します。この、珠理先生の対応や発言をヒントに、ここから思春期の子どもに親がどう接するべきか、ポイントを3つに分けて一緒に考えていきましょう。

①味方になる

珠理先生は、あえて「じゅり先生」「じゅりちゃん」という親しみを込めた呼び名をすすめています。そして、空しい子さんに寄り添う質問をして、十分に語らせ、気持ちを引き出しています。

1つ目のポイントは、味方になることです。心理学ではこれを**支持**と呼んでいます。具体例としては、**傾聴**、**共感**、**受容**、**保証**などの**支持的なかかわり**があります。まず親は子どもを否定せずに話をよく聞くこと、子どもの気持ちをそのまま受け止めてあげること、子どもを信じてあげることです（詳細は図17）。これは思春期に限らず、子育て全般において必要なことですが、特に思春期で意識する必要があります。

子どもが話しやすい空気をつくるためには、雑談や世間話をすることも大切です。このとき「どこ行くの？」「試験勉強は？」といった見張りのスタンスではなく、「一緒にいて心地いいね」という見守りのスタンスで話すことです。たとえば、「この部屋、寒くない？」「（ネット動画を見ながら）このお笑い芸人ウケない？」「なんでこの人（アイドルグループメンバー）が推しメンなの？」など、なるべく本人がリラックスした気持ちで乗ってこれそうなテーマで話をすることです。もちろん、親もその会話を楽しんでいることが重要です。そんなに難しいことではありませんが、普段からやっていないと、最初はぎこちなくなってしまうかもしれません。

〈図17：支持的なかかわり〉

	◎ 効果的	× 逆効果
例	「今はどんな気持ち？」	「どうなってるの？」
	「大変だったわね」	「だめじゃない!?」
	「気持ちわかるよ」	「それは間違ってるよ」
	「それほどつらいんだね」	「私を悲しませたいの？」
	「がんばってきたね」	「がんばってね」
	「あなたなら大丈夫」	「○○してあげるから」
	「悲しくなるのは当然だよ」	「悲しむことではないよ」
	「あなたは悪くないよ」	「もっと大変な人がいるの」

また、冗談を言うのも1つです。たとえ笑いが起きなくてもいいのです。冗談を言う目的は、笑わせるためではなく、和ませるためだからです。そもそも、相手は斜に構えた思春期の「ひねくれ者」です。基本的に笑いは起きないという心構えでのぞむのです。親は、もはや子どもにそれくらいしかできない（それくらいしかやらない）無害な存在であるという裏メッセージを伝えることもできます。

「味方になる」「無条件の愛」とは、求められるがままにお金を与えたり、特別な何かをしてあげたりすることではないということです。むしろそれは、条件つきの愛として思春期の子どもに受け止められてしまうおそれがあります。

子どもに必要な味方とは、その子が安心してくつろげる存在です。それは必ずしも親だけではありません。おばあちゃん、おじいちゃんだっていいのです。さらには、このような縦の関係だけでなく、直接の利害関係のない**斜めの関係**として、おばさんやおじさん、近所の大学生、スポーツチームのコーチ、そしてスクールカウンセラーだっていいのです。不安定な思春期には、自分の話に耳を傾け、何をするでもなくただいつも気にかけてくれるような、そんな存在が必要なのです。

②大人扱いする

珠理先生は、押しつけ子さんに「空しい子さんはもう14歳です。自分のことは自分で決める大人になりつつあります」「いつまでも子ども扱いするのではなく」「大人と大人の関係として一緒に考えていくのはどうでしょう?」と提案しています。

2つ目のポイントは、大人扱いすることです。ここで、「大人扱いして本人に任せるなんて心配。うちの子にはまだ早い」「逆にもっと調子に乗る」「そんな無責任なことはできない」と思う人がいるかもしれませんね。確かに、親としては心配です。そして法律的には未成年です。ポイントは、心配しつつもその心配をあえて見せないようにして、本人にも責任をとらせる態度を親が示すことです。そうすることではじめて、子どもは大人と同じように自分の行動に責任を持てるようになります。

大人扱いするためには、今まで子ども扱いしていたコミュニケーションの癖を変えることです。このコミュニケーションの癖は、心理学では、**交流パターン**（**参照18**）と呼ばれています。

参照18　交流パターン：人にはそれぞれ考え方の癖（認知）があるのと同じように、コミュニケーション（交流）の仕方にも癖があるとする理論。子ども扱い、大人扱いの他に、「イエス・バット・ゲーム」が有名。これは、コミュニケーションにおいて、相手の助言や提案に対して「はい」といったん受け入れておきながら、「でも……」と何らかの理由を続けてけっきょく却下するという、やりがちな交流パターン（ゲーム）のこと。これらの癖を見つめ直すことで、よりよいコミュニケーションをはかることができる。

そもそも子どもの成長にともない、家族の関係性や役割は変わっていくものです。それが当然で、むしろその方が健康的な家族であるといわれています（※32）。つまり、安定した親子関係を保つためには、時間が経つとともにこの交流パターンを変えていくことが必要なのです。

カウンセリングの現場から

荒田は、精神科医として自治体の思春期相談にも協力しています。その相談で最も多いのが、やはり不登校です。といっても、本人が相談に来ることはまれで、ほとんどは母親が来ます。このとき、まず親が子どもを大人扱いする必要があることをお伝えするのですが、だいたい反論されてしまいます。たとえば、「あの子は私が言わなきゃ勉強しないんですよ！」「じゃあ、先生は自分の子どもに大人扱いできますか？」という具合です。または表面的に頷いていたとしても、その後明らかに聞く耳を持たなくなります。人は、自分で考え抜いて納得した結論にしか従わないものです。ですから、カウンセリングでは結論を急がず、あえて回り道をすることもあります。普段の親子関係や、会話のパターンなどについて質問を重ね、違和感に自ら気づいてもらうようにするのです。そうしてやっと、変わらなければいけないのは自分自身（親自身）かもしれないと気づいてもらうことができます。

大人扱いするためのスキルに、**アサーション**（**参照19**）があります。何を考えているかわからない思春期の子どもへの接し方として、マンガに登場する父親のように「何か言ったらどうなんだ！」という叱責（攻撃）はさらなる反発を生むだけです。母親のように、おろおろするばかり（非主張）では子どもは孤独を深めるだけです。そうではなくて、対等な関係性のなかで、相手に配慮しながらも、伝えるべきことを伝えるのです。その具体的な方法が**DESC法**（図18）です（※33）。思春期以降の親子のコミュニケーションは、この方法を意識すると対等な関係性が築かれやすく、不要なぶつかり合いを避けられるでしょう。

参照19　アサーション：自己主張をするためのコミュニケーションスキルのこと。言いすぎ（攻撃）でもなく、言わなさすぎ（非主張）でもなく、ほどよく言うことで、相手の気持ちを大切にして耳を傾けつつ、自分の気持ちも大切にして率直に伝えることを目的とする。このスキルの具体的な方法が、DESC法（図18）。

〈図18：DESC法〉

	意味	例
描写（Describe）	状況を客観的に描写	「最近話をすることが少なくなったね」
表現（Express）	自分の気持ちを冷静に表現	「話ができなくて私たちは悲しいよ」
提案（Specify）	解決策を具体的に提案	「食事のときくらいは話をするのはどう？」
選択（Choose）	相手のNOに対しての選択	「じゃあ、挨拶だけでもどう？」（代替案） 「落ち着いたらまた話そう」（一旦保留）

　また、大人扱いの一環として、プライバシーを尊重することも大切です。押しつけ子さんのように、携帯電話をのぞき見するのは論外、子どものSNSもチェックしないことです。掃除や片づけを口実に、部屋の中を物色したり日記を見たりするのもNGです。「心配だから」「子どものことを考えて」と正当化する親はいます。しかし、これは典型的なモラルハラスメントをする人の発想であることを理解する必要があります。大人扱いするとは、もはや自分の子どもではなく、大人の他人として見ることであり、極端に言えば

文化の違う外国人として見ることです。ホームステイしている外国人の携帯を勝手にのぞき見することができるかどうかと、置き換えて考えてみるといいでしょう。

なお、大人扱いすることと先ほどの味方になることは、突き放すことと寄り添うことでもあり、正反対で両立が難しいのではないかと思う人はいるでしょうか？　確かに、1人の親がその二役をやるのは、難しい場合があります。よって、たとえば母親が味方役、父親が大人扱い役として、役割分担することをおすすめします。

ちなみに我が家でも、小学生の息子に対して父母で役割分担をすることがよくあります。何か問題が起きたとき、母親は子どもの味方役に徹し、「困ったね」「くやしかったね」などと気持ちに寄り添うように対応します。一方で父親は「どうして問題が起きたんだろう？」「次からはどうすればいいだろう？」と問題解決の姿勢で接し、大人扱いするようにします。

もちろん、母親と父親が役割を逆転させても効果は同じです。おばあちゃんやおじいちゃん、おじさん、おばさんなど身近な親族、また地域の保健師やスクールカウンセラーに大人扱い役をお願いすることもできます。

③夢を語り合う

思春期は、子ども自身が「どんな大人になるか」「どんな人生を歩むか」を考える時間です。くり返しになりますが、これらは子ども自身が考えることであって、親が考えることではありません。

親にできることがあるとすれば、子どもの「自分探し」をさりげなくサポートすることです。本人が気づいていない強みを見いだし、それに気づかせてあげることで、子ども自身が自分の将来像を描きやすくなります。心理学では、これを**強み（リソース）の発見**と呼んでいます。

自分の子どもの強みを見つけるポイントは、本人が好きで（熱意）、うまく（得意）、よく（頻度）やっていることです。また、伝え方のポイントは、「行動＋強み」のセットにすることです。たとえば、「テスト前に勉強がんばってたね。集中力あるよね」「休まず部活に行ってるね。粘り強いね」「歴史のことよく知ってるよね。勉強熱心だね」「おもしろい絵をよく描くね。観察力がある」「仲よしの友達の相談に乗ってあげてるね。思いやりがある」などです。このように自分の強みを本人に十分に自覚させた上で取り組んでほしいのが、次です。

3つ目のポイントは、夢を語り合うことです。つまり、ビジョンを描くことです。心理学では、これを**未来志向**と呼んでいます。

たとえば、「タイムマシンで成長した20歳の自分を見に行ったら、その自分はどんな一日を過ごしてる？」と聞き、話を広げていくのです。そして「今の自分は、20歳の自分に何を聞きたい？」と聞くのです。さらに「20歳の自分は、今の自分にまず何とアドバイスする？」と聞くのです。心理学では、これを**タイムマシン・クエスチョン**と呼んでいます（※34）。こうした取り組みによって、その未来のために今何をしたらいいかに気づいてもらうのです。

本人が強みを十分に自覚していない場合は、「わからない」としか答えられませんが、何かをきっかけに自分の将来を想像させることが重要です。極端な話、強みはたとえ本人の勘違いであってもいいのです。

4章　思春期

〈図19：思春期危機への対応〉

	子どもの心理		
	味方がいない	大人扱いしてくれない	何をしたいか分からない
特徴	新しい味方を探す	反抗するために反抗する	大人の真似ごとをする
対応	**味方になる** 支持	**大人扱いする** 交流パターンの変更	**夢を語り合う** 未来志向
例	・支持的なかかわり ・雑談、世間話 ・リフレーミング ・冗談	・アサーション ・プライバシー ・家事給料制 ・社会のルール	・リソースの発見 ・タイムマシン・クエスチョン ・モデリング

また、親が自分たちの人生への思い入れを見せること（モデリング／123ページ）もよい刺激になります。自分の仕事のやりがいや目標を話してみる、仕事場に連れて行く、仕事でわかりやすい成果物があれば見せる、などです。仕事に限らず、趣味、人づき合い、ボランティアなど社会的な活動なら何でもかまいません。活動の資料・評価・写真などをさりげなくテーブルに置いておく、社会的な活動で楽しかったこと・うまくいったこと・これからやりたいことを夫婦で語り合っている様子を見せる、夫婦で一緒に社会的な活動をする、何かしらの理由をつけて社会的な活動の現場に子どもを連れて行くことなどです。なお、社会的な活動を強調する理由は、買い物や映画鑑賞など個人的な活動だけでは社会参加（自立）のモデルにはならないからです。

なお、仕事や社会活動全般に関する愚痴はたまにはしょうがないですが、なるべく言わないことです。思春期の子どもは、親の言うことをますます聞かなくなりますが、身近にいる親のやることは批判的ながらよく見ているものです。

カウンセリングの現場から

思春期のお子さんの相談に乗るときは、タイムマシン・クエスチョンをよく使います。ただ、実際にはうまくいかないことも多々あります。よくあるのが、「思いつかない」と言われてしまうことです。強みの発見が不十分で、本人が自分の強みをはっきりとわかっていないと、こうした素っ気ない返事が返ってきます。また、信頼関係がまだ不十分で、本人が医師やカウンセラーに心を開いていない場合も同じです。そんなときは、仕切り直して、強みの発見と信頼関係の構築に時間をかけていきます。

また、「成長した未来」「うまくいっている未来」という条件設定を言い忘れてタイムマシン・クエスチョンをやると、「宝くじが当たって金持ちになってる」などの他力本願な答えや、「つまんない会社員になってる」などの悲観的な答えが返ってきたこともありました。

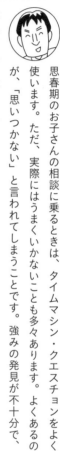

なんで親友をつくることは必要なの？

空しい子さんは、親よりも友達との食事を優先していました。このように、思春期の子どもは、ただ親から離れていくだけでなく、自分と気が合う友達、つまり親友との時間を大切にするようになります。そして、その親友たちとの少人数のグループで、行動や考え方を無意識に合わせるようになります。心理学では、これを**同調**（**参照20**）と呼んでいます。また彼らは、周り（主にクラスメイト）からどう見られているかを過剰に気にするようにもなります。それはなぜでしょうか？

親友をつくる理由

すでに児童期の仲間づくり（216ページ）でもご説明しましたが、**親友づくり**（**友情**）は、その親友（家庭外環境）との心理的な相互作用によって、人とうまくやっていくことを練習する、つまり協力関係を築くという**社会適応能力**を高めるためです。たとえば、相手からどう見られているかという視点は、相手の立場に立って考えるコミュニケーション能力や自分自身を俯瞰して見る能力（**メタ認知**）を育んでいます。こうして、その能力が高まった結果を、私たちは**性格**と呼んでいるのです。

逆に、親友づくりをしていなかったらどうなるでしょうか？　人とうまくやっていく性格に成長できなくなり、大人になって本人が困ったり、周りを困らせたりするリスクが高まることが考えられます。

実際の研究では、不登校がその後の人生に与える影響として、学歴が低くなることを差し引いても、仕事、生活レベル、結婚の状況が思わしくないという結果が出ています。これは、たとえ不登校のあとに本来の学歴を達成したとしても、大人になって人間関係で不適応を起こすリスクは残ってしまうことを示唆します（※35）。このわけは、不登校によって友達関係が安定していないことで、人間関係の深め方（同調）を練習することができなかったためであると考えられます。

ちなみに、社会適応能力の高さの物差しは、心理学では**レジリエンス**（**参照21**）と呼ばれます。レジリエンスは、昨今、特に職場のメンタルヘルスで注目されており、耳にしたことがある人も多いでしょう。大人になってストレスフルな環境におかれても、つぶれる人とつぶれない人がいるのは、心のしなやかさ（レジリエンス）の違いです。つまり、思春期に親友づくりの過程で人間関係の練習を重ねないことは、打たれ弱い大人になってしまう可能性をはらむのです。

参照20　同調：周りと同じ行動をすること、同じ考え方をすること、同じ見た目であることを心地よく思う心理。人とうまくやっていくために必要な能力で、非認知能力とも関係が深い。なお、昨今マイナスな意味合いで使われることが多い「同調圧力」は、周りに合わせるべきという外発的動機づけであるのに対し、心理学でいう「同調」は周りに合わせたいという内発的動機づけであり、ニュアンスに違いがある。同調性は、個人として低すぎると不登校のリスクが高まり、集団として高すぎるといじめのリスクとなる。

参照21　**レジリエンス**：ストレスを受けてもメンタル不調にならない心理的なプロセスのこと。心のしなやかさ。そのためには、相手の立場に立って考えられるコミュニケーション能力、自分自身を俯瞰して見る能力（メタ認知）、うまくいかなかったことを笑いに変えるユーモア、自分がやっていることや生きていることに意味を見いだして人生の目標や夢を持つこと、うまくいっていないときもいかないときも寄り添ってくれる家族・友達などの味方がいることやそんな居場所があること、が必要とされる。

性格形成の敏感期

ここで、みなさんの中に「大人（大学生以降）になってから親友をつくればいい（大学に入るまでは学業に専念してほしい）」と思う人がいるかもしれません。その親心はわかります。もちろん、成人期でも親友はつくれるのですが、思春期にこそ必要なのです。それはなぜでしょうか？

そのわけは、性格形成の敏感期（37ページ）が思春期までであると考えられるからです。この根拠は、行動遺伝学の研究の結果から説明することができます。すでにご紹介した図15（218ページ）を見ると、性格への家庭外環境（友人関係、学校や職場の人間関係）の影響度が、成人期以降で一気に鈍化しています。鈍化したまま影響度が変わらないということは、思春期での影響は一定の程度残ったままなので、その後の新しい影響は程度としては相対的にどんどん少なくなっていくということを意味します。

つまり性格は、思春期までに形づくられると結論づけることができます。逆に言えば、成人期になると性格は大きくは変わらなくなるということです。心理学ではこれを「性格の可塑性がなくなる」といいます。本人がその性格に納得して自分はこういう人間であるとブレなくなるのです。これが、**アイデンティティ確立**なのです。

さらに言えば、敏感期があるということは、友情も愛着や非認知能力や反抗と同じように、本能であり、社会適応するための能力（機能）だということです。

4章　思春期

なんでいじめは「ある」の？

親友をつくることがこれほど大事なら、なぜいじめをするのでしょうか？　その答えは、よくよく考えれば、シンプルです。親友づくりとして、特定の誰かと仲よくするということは、それ以外の人とは仲よくしない、つまり誰かが選ばれるということは、別の誰かが選ばれないことだからです。これが、いじめという集団心理の本質であると考えられます。そして、誰でも選ばれる児童期の不特定多数による仲間づくりとの決定的な違いです。つまり、同調性の高まりは、必然的に**排他性**を生み出すということです。逆説的にも、仲がよすぎると、仲間外れが起きてしまうということです。そして、周りに合わせて自分から仲よくしようとしない（同調性が低い）クラスメイトが、いじめのターゲットになってしまいます。それでは、そもそもなぜこの排他性、つまりいじめは「ある」のでしょうか？

進化心理学的に考えると、約３００万年前に人類が部族をつくるようになったとき、狩りや子育てに協力しない人が出てくると、部族の存続が危うくなったことが想像できます。そのため、部族として一致団結（同調）しないメンバーは排除されていたと考えられます。これがいじめの起源です。つまり、残念ながらいじめも友情と同じく、人間の本能であるといえるでしょう。

もちろん、現代の社会の価値観では集団の結束よりも個人の権利が重んじられ、いじめは断固許されません。本能的、つまり抗いがたいものだからこそ、その心理を深く理解した上で対策を考えていく必要があるのです。

いじめの心理～なぜいじめはなくならないのか

いじめ加害者や傍観者には、周り（多数派）に合わせようとしない少数派への差別の心理が根っこにあります。実際に、人の印象の研究において、相手が少数派であるというだけでその相手への評価が否定的になるという心理実験の結果が出ています。これを心理学では、**印象形成のバイアス**と呼んでいます。

なお、少数派への差別のなかで、特に弱者への差別として、「**ウィークネスフォビ**

4章　思春期

ア（弱者嫌悪）」が最近注目されています。これは、「自分は強くなりたい」（強者への羨望）という心のとらわれがあると、相対的に弱者をさらに否定的に見てしまうことです。この裏を返せば、自分自身が弱者になってしまうことへの恐怖（フォビア）、つまり「弱者恐怖」が潜んでいると考えられます。

また一方で、いじめ被害者がいじめの事実を親や先生にひた隠しにするのはなぜでしょうか。

それは、自分だけが独りぼっちで、周りの誰からも相手にされないこと、クラスに居場所がないことは、計り知れないほどの恐怖だからです。極端に言えば、死んでしまうことと同じだと彼らは思い込んでいます。なぜなら、原始の時代が実際にそうだったからです。当時の仲間はずれとは、自分だけで獲物を捕まえて身を守らなければならない、つまり死を意味します。

仲間はずれが死を意味するならば、それを認めて誰かに打ち明けることはますます困難になります。自己防衛的に「自分は弱者であってはならない」「自分は強くあるべきだ」と自分に言い聞かせます。ここにも、ウィークネスフォビア（弱者嫌悪）の心理が見られます。

つまり、いじめる側もいじめられる側も何もしない傍観者も、「弱者になりたくない」という心理でいじめを助長してしまっているのです。

いじめの対策① 学校選び

以上のことから、いじめへの本質的な対策は、同調性（排他性）を高めすぎないことであることがわかります。しかしながら、思春期は自然と仲間との同調を求める時期であることから、学校などの環境がそれを助長しないものであることがキーポイントとなります。具体的には、同じ格好をしない**服装自由化**（制服の廃止）、同じ年齢にしない**異年齢教育**（就学開始年齢の自由化や飛び級・留年制度の導入）、ずっと同じ時間を過ごさない**複数クラス在籍**（習熟度別の各科目によるクラス分けや選択科目の促進）などがあげられます。さらには、不登校の子どもの居場所を、保健室だけではなく、現在ある通級指導教室や特別支援学級にも広げて運用することも1つです。

このように、居場所の選択肢をなるべく多くして、さらに出入りを自由にするのです。

4章 思春期

以上は、学校選びの参考になるでしょう。

いじめの対策②　サードプレイスと多様性

もう1つ、いじめへのセーフティネットとして機能するのが、家庭や学校に続く第3の居場所（**サードプレイス**）があることです。たとえば、地域のスポーツチーム、習いごとや趣味のコミュニティなどです。

このようなサードプレイスを、児童期のうちから確保しておくことです。これは、いじめで学校に居場所がなくなったときの避難場所にもなります。そして、「自分の居場所は1つだけじゃない」「逃げ道はある」という発想を持ちやすくなります。実際にいじめが起こってしまっても、自分を受け入れてくれる場所が別にあれば、抱え込むことなく、最終手段としての転校にも抵抗が少なくなるでしょう。

なお、学習塾は、サードプレイスにはなりにくいです。なぜなら、塾は学習サポートや受験対策などの目的がはっきりしているところで、生徒同士の交流をうながすようなしくみを積極的に取り入れておらず、同年代同士の自由な相互作用が少ないからです。

さらには、生き方の選択肢がいくつもあること（**多様性**）を日々伝えることです。たとえば、「いろんな生き方がある」「人それぞれの幸せがある」「幸せになるために生きている」「必ずしも強くなくていい」「逃げてもいい」などです。そうすることで、同調性を高めすぎないようにすることができます。また、先ほどの「ウィークネスフォビア」を予防することもできます。

なんで不登校になるの？

空しい子さんは、学校を休みがちで「学校つまんない」とSNSに投稿していました。このように、思春期になると不登校の問題が増えていきます。最近は、不登校の全体的な数自体も増えています。

それでは、なぜ不登校になるのでしょうか？　実際の調査（※36）によると、その原因として「無気力、不安」「生活リズム」「友人関係（いじめを除く）」などがあげられています。しかし厳密には、これらは表面的な原因にすぎず、その根本的な原因は不明です。ちなみに不登校の原因として「いじめ」は意外にも上位ではありません。

ここからはさらに踏み込んで、その根本的な原因を考えてみたいと思います。

不登校の根本的な原因

不登校の一因は、先ほどの**同調性**が子どもに十分に育まれていないことがあげられます。さらに、この同調性を下支えする非認知能力（94ページ）も十分に育まれていないことが考えられます。本来、同調性は児童期の仲間づくりのなかで、自由な相互作用によって育まれます。ところが、たとえば中学受験などのために友達と自由に遊ぶ時間が極端に制限されているとどうでしょうか？　自分が相手に合わせたり、相手が自分に合わせてくれたりする経験が足りず、この心理（能力）が十分に育まれない事態が起きてしまいます。この点で、昨今の中学受験への過熱ぶりや集団遊びの減少は、不登校の増加と関係がありそうです。

たとえば、勉強が好きではなくても、友達に会えてクラスに居場所があると本人が思えば、学校に行くでしょう。逆に、たとえ勉強が好きでも、クラスに居場所がないと本人が思えば、学校に行きづらくなるのは想像にたやすいでしょう。それくらい、学校とは思春期の子どもにとって居場所であることが重要なのです。

もちろん、不登校になっている子どもは、不登校のままがいいとは思っていません。ただ、クラスメイトたちに調子を合わせることができずに居場所がないため、不登校のままでいるしかないのです。調査の結果として出てしまった「無気力、不安」「生活リズム」は、学校で居場所がないことに対する心や体の反応（症状）だととらえることができます。

つまり、不登校の根本的な原因は、同調性が子どもに十分に育まれていないことや、学校で同調性が過剰に強いられることで、結果的に子どもが学校に居場所を見いだせなくなってしまうためだと考えられます。

なお、同調性の低さの原因は、複合的であることを忘れてはいけません。育て方（環境）だけではなく、その子その子の個人差（遺伝）もあげられます。たとえば、同調性が育まれるのがゆっくりである自閉スペクトラム症や、同調性にむらのあるＡＤＨＤ（注意欠如・多動症）などの発達の特性がもともとある場合です。この点は、乳児期にご説明した**ＨＳＰ**（49ページ）に似ています。

ちなみに、**ひきこもり**は、不登校から必ずしもなるとは限りませんが、社会での居場所がない（社会参加しない）点で、心理的なメカニズムはほぼ同じであると考えられます。

不登校の対策

同調性は、集団として高すぎるといじめが起き、個人として低すぎると不登校になるリスクが高まることがわかりました。ここから、不登校への本質的な対策が見えてきます。それは、学校環境（集団）としては同調性を強いないことで、いじめへの対策と同じです。同調性が高くない学校は、いじめが起きにくくなるだけでなく、同調性が低い子どもでも適応しやすくなり、不登校のリスクを下げることができます。

また、サードプレイスの確保や多様性の価値観を育てることも、いじめへの対策と同じように、効果的です。もし、学校以外に同調性を育む場所がなく不登校になった場合は、なるべく速やかに対応することです。できれば3か月以内を目安に他の学校やフリースクールに転校させるなどして、子どもが健やかに同調性を育む環境を求めていくのです。

逆に言えば、親が体裁を気にして、無理やり元の学校に行かせようとすることは逆効果です。

なお、親が不登校を黙認し、何もしないのは**教育ネグレクト**（115ページ）です。

ましてや、不登校になっているのに、家庭でゲームやインターネットの制限をしていなければ、ゲーム依存症（205ページ）のリスクをますます高めるという別の問題も出てきます。そして、ますます不登校から抜けられなくなってしまいます。

大事なことは、不登校を不登校のままにさせない早期介入が親にも子どもにも必要だということです。欧米では、子どもが不登校になったら、親への罰金や子どもへの心理カウンセリングの実施が課せられるなどの、社会的な介入がなされる国もあります。日本でも今以上に不登校の事例が増えれば、同じような取り組みが必要になってくるでしょう。

なんで異性とのかかわりが必要なの？

親友づくりと並んで、思春期に大切にしたいことがもう1つあります。それは、異性とのかかわりによって異性を好きになり、異性とうまくやっていくこと、つまり**恋愛**です。なお、ここでは異性との恋愛についてご説明しますが、同性との恋愛（同性愛）であっても、その必要性は同じです。

思春期に恋愛する必要性

親御さんのなかには、「恋愛は大人（成人）になってからでいい」「異性を意識せずに学業に専念してほしい」という考えから、子どもを男子校または女子校に行かせたい、と考える人もいるでしょう。

男女別学は同性同士で切磋琢磨して「個性が際立つ」とされ、特に女子校では「リーダーシップを育む」という教育関係者の意見もあります。

しかし、恋愛の機会が限られる点で、そのリスクを示す調査結果もあります。ある結婚相談所でのアンケートで、「(実は)結婚したくない」と回答した人は、共学出身の男性が18パーセントであるのに対して、男子校出身者は28パーセントであることがわかっています。また、共学出身の女性が8パーセントであるのに対して、女子校出身者は11パーセントであることがわかっています(※37)。また、イギリスの研究調査において、共学出身の男性よりも、男子校出身者の方が、42歳までに離婚や別居に至るリスクがやや高いということがわかっています(※38)。

ここから、思春期に異性とかかわる機会が少ないことは、成人期において恋人づくりやパートナーシップに苦労してしまうことがわかります。

そもそも恋愛は、自分とは違う人とその違いを乗り越えて特別につながるために、お互いにかかわることです。男性と女性であれば、当然ホルモンの分泌においても脳の機能においても、明らかな違いがあります。その違いを理解した上で、一緒にいることは、異文化交流にも似ています。相手の国の風習や価値観などの文化をよく知らないと、警戒して距離を置く(社交不安)、逆に軽んじて侵略する(DVやモラルハラスメント）ということが起きてしまいます。
なお、恋愛が思春期にこそ必要である進化心理学的な根拠については、コラム④（340ページ）でご説明します。

同世代同士の恋愛が必要な理由

親からすると、思春期の子ども同士の恋愛は微笑ましくも、ときに危なっかしく感じてしまうものです。では、思春期の恋愛は分別のある大人とする方がいいのでしょうか？　その方が親としては安心でしょうか？　実は、むしろしっかりしていない同年代の異性とのかかわりこそ必要なのです。なぜでしょうか？

それは、心理的な相互作用には**自由さ**が必要だからです。影響を与え・与えられる、双方向からのかかわりが生じやすいのが同世代同士です。対等で自由な同世代同士の間柄において、異性と一緒にいて楽しむ（共感性）、異性をそのまま受け止める（セルフコントロール）、身近にいる異性を好きになる（自発性）ことで、異性同士における同調性が育まれます。そして、この同調性を下支えとして、成人期に特定の交際相手との恋愛をうまく実らせるのです。これは、成人期の発達段階の**親密さ**（エリクソンによる／34ページ）に当てはまります。

結論としては、思春期に必要なのは、親友だけでなく異性とのかかわりによって、自分はこうなりたいと夢を持ちつつ、誰かを好きになることです。逆に言えば、思春期にさまざまな異性とのかかわりをしていない（させないようにする）と、成人期になって恋人づくりに苦労するわけです。ちょうど、児童期で仲間づくりをしていないと、思春期で親友づくりに苦労するのと似ています。

思春期の子どもは、親に反発し、親友とつるみ、そして恋をします。そんな青春こそが彼らを自立した大人にさせます。この点で、思春期の親の役割は、その役割をもはや担わないようにするという逆説であるといえます。子どもが「どんな大人になるか」「どんな人生を歩むか」は、子どもが決めることであるという大人扱いの心構えこそが思春期で最も必要になるといえるでしょう。

まとめ

1 反抗するのは、心の独り立ちをするためである。

2 思春期の子どもが困ったことをするのは、味方がいない、大人扱いしてくれない、何をしたいかわからないと思ってしまうからである。

3 思春期の子どもには、味方になる、大人扱いする、夢を語り合うといったかかわり方が必要である。

4 親友をつくることは、社会適応能力を高める役割がある。

5 いじめが起きるのは、集団の同調性が高まりすぎているからである。

6 不登校の一因は、個人の同調性が十分に育まれていないことである。

7 恋愛が必要なのは、異性間における同調性を育むためである。

4章 思春期

子どもが「なんで制服を着なきゃならないの？」と聞いてきたら？

「校則だからに決まってるでしょ」と言う

△

「着たくないよね」と共感する

○

「なんでそう思うの？」と聞く

◎

A

「校則だから」と押さえつけるのはよくありません。「着たくないよね」と共感するのは支持的なかかわり（280ページ）として悪くはありませんが、よりよいのは「なんでそう思うの？」と問いかけて、さらに話を広げていくことです。

思春期は、親や大人への反抗心から、さまざまなことに疑問を持つ時期です。その疑問に対して意見をかわすことは、大人扱いの取り組みの1つです。

制服は、同調性を高めすぎるという点で、いじめや不登校が深刻になっている現代では、むしろ有害性もあります（301ページ）。**ブラック校則**という言葉が流行るように、制服をはじめとする多くの校則には、現代の価値観に照らし合わせると合理性が見いだせないものも少なくありません。むしろ、学校という組織が生徒（場合によっては教師も）をコントロールするツールと化している側面もあります。こうしたことを親子で話し合うことは、世の中の不合理さに気づくきっかけとなり、さらには「では自分はどう生きたいか」という考えを進める有意義な機会となりえます。

4章　思春期

子どもが「クラスメイトの前で緊張する」と漏らしたら？

「緊張せずにがんばれ」
と励ます

△

「それだけ友達から
どう思われるかいろいろ
考えてるんだね」と褒める

○

「緊張しなかったら
どんな話するの？」と聞く

◎

A

思春期は自意識が強くなるため、他人から自分がどう見られているかを強く意識するようになり「緊張する」と訴える子どもも少なくありません。そんなとき、「緊張せずにがんばれ」と言うと**禁断的思考**（165ページ）でさらに緊張してしまうかもしれません。

マイナスな発想に支配されているときは、その発想をプラスに転換（リフレーミング）してあげると、自信を取り戻す助けとなります。緊張するということは、友達に配慮があるということ、慎重だということでもあります。これは、**強み（リソース）の発見**（288ページ）でもあります。

また、うまくいかないという不安ではなく、うまくいくという楽しさの方にあえて意識を向けさせることで、結果的に緊張を和らげることができます。うまくいくことを想像すると、「脳内ホルモン」（ドパミン）が活性化され、積極性を取り戻すことにつながります。これを心理学では**ミラクル・クエスチョン**と呼んでいます。

こんなとき
どうする？
Q43

子どもが「仲のよかった友達とけんかした」と漏らしたら？

「また新しい友達をつくればいいよ」と慰める

△

「つらいよね」と寄り添う

◎

「こんなとき、○○さんだったらどうするかな？」と聞く

○

A

児童期と違って、思春期で「新しい友達」をつくるのは、相当の労力がいります。

このことは、当事者である本人がよくわかっており、事態を軽んじる安易な慰めは求めていません。

思春期の子どもの人間関係はすでに複雑で、親が介入する余地はありません。けんかやいざこざを解決するのは本人であるため、こうしたつぶやき（愚痴）には寄り添ってあげるのが一番。共感してあげるのが子どもの慰めになります。

また、別のアプローチとしては、子どもが尊敬する人、憧れる人、好きな人を挙げ、「○○さんだったら」と考えさせてみることです。ロールモデルの視点に立たせてみることで、自分自身を冷静に見つめ直すことをうながします。

その他「その友達は今どんな気持ちだろうね？」と相手の視点に立たせる問いかけも、幼児期から引き続き効果的です。こうした声がけを続けることによって、成長とともに異性の視点、弱者の視点など、自分とは異なる人の視点に立って物事を考えられるようになることをうながします。

4章 思春期

部活をやめるかどうか本人が悩んでいたら？

「もう少しがんばりなよ」と励ます

△

「今までがんばってきたもんね」とねぎらう

◎

「やめるメリットとデメリットは？」を聞く

○

A

中学生以降は、部活やクラブをいつまで続けるのか、という判断は子どもが自分で考えて決めることで、親はそれを支持する、というかかわり方が望ましいでしょう。「がんばりなよ」などと暗に誘導せず、まずは「がんばってきたもんね」とねぎらいの言葉をかけてあげ、本人に委ねる姿勢を見せることです。

親ができるサポートとしては、本人が理性的にそれぞれのメリットとデメリットを考えられるような問いかけをしてあげることです。これは、**大人扱い**（282ページ）の取り組みです。

なお、親としてつい口を出したくもなりますが、ここは我慢のしどころです。本人が意見を求めていそうだったら「私の意見を聞きたい？」と確認した上で、感情的にならず、あくまで中立的な「人生のコーチ」的立場から意見を伝えることです。部活に限らず、時間の使い方や、バランスの取り方などさまざまな選択肢についても、この立ち位置でアドバイスするのがおすすめです。

4章　思春期

子どもから「いじめられている」と打ち明けられたら？

「いじめられないように仲よくしなさい」と言う

×

「つらかったね。教えてくれてありがとう」と言う

◎

「いったん学校休みたい？」と聞く

◎

A

298ページでも述べた通り、いじめは集団心理として起こるもので本人の努力で状況を変えるのは困難です。いじめられていることを打ち明けるのは、子どもにとって相当に勇気のいること。まずは「くやしいね」「腹立つね」と気持ちに寄り添い、「すごく悩んだよね」と打ち明けてくれたことを受容し、感謝の言葉を伝えましょう。そうすることで子どもは安心し、より積極的に話をしてくれるようになります。

また打ち明けた時点で、本人からの「もう無理だ」というSOSだと受け止め、「逃げていい」という選択肢を早々に示してあげるべきです。もっと言えば、入学時などにあらかじめ、何かあったらいったん学校を休む、転校するといった選択肢があると伝えておくことです。これは、不登校においても同じです。子どもが困って助けを求めたときは、即座に親が積極的にフォローしていく姿勢を見せるべきです。受験をして入学した念願の学校で、親としては「もったいない」などと思うかもしれません。しかし、「よい学校」かどうかは本人が決めることです。親の都合や体裁を優先して、本人を追い詰めるべきではありません。

4章 思春期

子どもが「ゲームをやり続けたい」と言って暴れたら？

羽交い締めにして取り押さえる

×

子どもの言う通りにする

×

「警察に通報する」と警告する

◎

A

思春期の子どもは、体も大きくなり力も強くなるため、もはや「子ども」ではありません。親が取り押さえようとするとケガをするおそれがあるため、立ち向かうことは避けるべきです。また、「近所迷惑だから」と言いなりになるのは、それこそが本人の思うつぼとなり、問題解決になりません。

ここは毅然とした態度で警察に通報すると警告し、それでも聞き入れない場合は実際に通報して警察官に立ち会ってもらうことが必要です。つまり、家庭のルールは子どもの成長にしたがって**社会のルール**にシフトさせていくべきなのです。これも、大人扱いの一環です。なお、ほとんどの思春期の子どもは、警察官を前にすると大人しくなります。家庭で抱え込むよりも、警察という社会の目を子どもに意識させることで、本人が目を覚ますきっかけになるかもしれません。

なお、それでも暴力をくり返すなら、非行（素行症）として、少年鑑別所や少年院への入所が必要になります。長い目で見たら、本人のためには家庭外に送り出すことが、苦渋の選択ながら必要になります。

4章　思春期

子どもが「ユーチューバーになりたい」と言ってきたら？

「なれるわけない」と切り捨てる
△

「そうなんだね」と受け止める
○

「もしも稼げなかったらどうする？」と聞く
○

A

子どもが自分の夢を語ることに対して、それがどんな夢であっても、頭から否定するのは避けるべきです。くり返されると、夢を描くこと自体をあきらめてしまうかもしれません（**学習性無力感**／214ページ）。子どもの夢や将来像はその時々で変わったり、一時的に周りに流されていたりするだけの可能性もあるため、否定も肯定もせず「そうなんだね」と受容しておけばいいでしょう。

思春期も後期に入り、あまりに計画性の乏しい将来像を口にして心配な場合は、「もし稼げなかったら？」と聞いて、経済的に自立するには何が必要かを考えさせる働きかけをしてみるといいでしょう。ユーチューバーという夢を叶えるために、しばらくは会社員として働きながら兼業するなど、現実的な策を考えているかどうか、その本気度を探ることもできます。また日頃から、高校（または大学）を卒業したら、家を出て自分で仕事をして生きていくことが必要であることを伝えておくことも「大人扱い」の取り組みとして大切です。

4章 思春期

子どもが「学校に行きたくない」と言ったら?

「そんなんじゃ、ろくな大人にならないわよ」と叱る

×

静かに見守る

△

将来どうしたいかを一緒に話し合う

◎

A

叱咤激励は脅しとしての効果は多少あるかもしれませんが、状況によっては本人を追い詰めるおそれがあり、おすすめしません。また、見守り続けて不登校が長期化している場合は、なんらかの対応に移るべきでしょう。

Q45でも触れましたが、転校の選択肢があることを伝え、本人がそれを望むなら、今通っている学校や友人と合わないけれど、学校へ通う意思はあるということなので、なるべく早くに環境を変えるといいでしょう。

転校を望まない場合は、本人の自覚をうながすような話し合いを試みましょう。10年後大人になったときにどうなっていたいのか、何を楽しみたいのかという**夢を語り合う**（288ページ）のです。そうすることで、今何をした方がいいのかを本人が自分で考えるようになります。また、高校卒業（または大学卒業）後は家を出て自分で仕事をして生きていく必要があることを度々説明しておくことも必要です。これは、「学校に行かなくても（働かなくても）自分は大丈夫」という発想（**モラルハザード**）を予防します。

4章 思春期

娘が
パパ活していることが
わかったら？

「恥さらしだからやめて」と怒る

×

「世の中のルールだからやめて」と言う

△

「あなたのことが大切だから、とめたい」と真剣に言う

◎

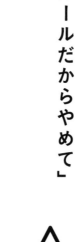

A

「恥さらし」であることも「ルール」であることも、本人は百も承知で、響かないでしょう。親は深刻に受け止め、子どもにきちんと向き合う必要があります。

「自分には味方がいない」と思ってしまう思春期危機（273ページ）に、親などの身近な人への信頼がゆらぐことが重なると、「自分は大切にされていない↓自分を大切にしない↓自分を安売りする」という思考パターンに陥ります。これが、売春行為の心理です。これをとめるためには、「あなたの味方である」というメッセージを親が全身全霊で伝えることです。なお、「(あなたは) やめて」という**あなたメッセージ**ではなく、「(私は) とめたい」という**私メッセージ**にすることもポイントです。これは、アサーション（285ページ）のスキルの1つです。また、こうした事態を未然に防ぐためにも、普段から本人の一番の味方であることを事あるごとに伝え、行動で示すことが必要になります。なお、リストカット（自傷行為）をやめさせる説得や、「なんで人を殺しちゃだめなの？」などの問いかけに対しても共通する普遍的な答えでもあります。

4章 思春期

娘が体重を気にして食べては吐くことをくり返していたら？

「あなたの体が心配」と言う

○

食べすぎないように食事を管理する

×

心療内科に一緒に行く

○

A

「体が心配」と言うことは、Q49でも触れた「あなたのことが大切」というメッセージを伝えることができます。ただし、心配だからと食事を管理するのは、NGです。なぜなら、食べ吐き（摂食障害）は、親のコントロールへの抵抗として、自分の思い通りになる体重をコントロールする、無意識の代理行動である場合があるからです。その場合、食事を管理したら、今度は隠れ食べや盗み食いがみられるようになります。

食べ吐きに一番効果的なのは、心配しつつも、生活全般については本人に任せるという大人扱いのスタンスを親が徹底することです。

また、そもそも食べ吐き（摂食障害）には、依存症（嗜癖）の要素もあります。満腹な状態から一気に食べたものを吐き出すと、お腹はすっきりして、食べすぎたという罪悪感からも解放されます。それが病みつきになり、食べ吐きをくり返すのです。やがては「吐くために食べる」という習慣が身についてしまいます。親のかかわり方の改善も含めて、医療的な介入が必要な場合が多いのが現状です。

子どもが
アダルトサイトを
見ていたら？

「見てほしくない」と言い諭す

○

見て見ぬふりをする

×

なぜ禁じられているのかを理性的に伝える

◎

A

思春期だから仕方がない、と見て見ぬふりをするのは、明らかな教育ネグレクトです。そもそも未成年への禁止行為の幇助《ほうじょ》に問われるおそれもあります。喫煙や飲酒と同じく、淡々と禁じることをおすすめします。しかしながら、現実的には、友達から動画や画像を回してもらうこともあり、完全に禁じることは難しいことも理解する必要があります。

アダルトサイトは、多くの人に見てもらうために、過激な演出も多く、刺激が強すぎるものがほとんどです。特に未成年が見ると、痴漢、のぞき（盗撮）、小児性愛など性的な嗜癖（性嗜好障害）として犯罪行為を引き起こすおそれがあります。性教育の一環として、「乱暴な表現はフィクション」「実際にやったら相手を傷つける・嫌われる」「内容によっては犯罪行為になる」と伝え、なぜ禁じられているのかを理性的に伝える必要があります。

4章　思春期

こんなとき
どうする？
Q52

子どもに彼氏（彼女）ができたことがわかったら？

「まだ早すぎる」と交際をやめるよう諭す ×

「どこに遊びに行ったの？」といろいろ聞き出す △

避妊の必要性を伝えて見守る ◎

A

恋愛の敏感期である思春期（詳しくはコラム④／340ページ）に恋人ができるのは自然なことで、むしろ大人になってから健全なパートナーシップを築くためにも、親としては歓迎すべきことです。ですから、交際に反対したり、干渉しすぎたりすることはおすすめしません。

親の態度としては、見張るのではなく見守るという眼差しが大切です。本人が教えてくれたときに「それはよかったね！」と喜ぶぐらいはいいでしょうが、しつこく「どんな子なの？」「どこへ行ってきたの？」などと聞くのは、干渉がすぎ、見張りの意味合いが強くなります。聞きたい気持ちをぐっとこらえ、無関心を装うぐらいがちょうどいいでしょう。

ただし、親の役割として、避妊の必要性はしっかり伝えておくことです。踏み込みにくい話題ではありますが、伝えるべきことは伝えた上で「信じているからね」と念押しする形がよいでしょう。

息子から「自分は男じゃない気がする」と言われたら？

「どうしてそう思うの？」

と聞く

○

「そう思うんだね。
教えてくれてありがとう」
と受け止める

◎

「バカなこと言わないで」
と怒る

×

A

本人は、同性を好きになったり、性別に違和感を持ったりすることは悪いことだと思い込んでいる可能性があるため、まずは打ち明けてくれたことに対して「教えてくれてありがとう」と受容することです。「バカなこと」という審判（攻撃）や、逆にショックで無言になったり（非主張）、受け流したり（軽視）することは、不適切です。

親が子どもの心の性（性自認）や恋愛対象（性的指向）に違和感を持っている場合は、本人が打ち明けやすい雰囲気をつくることが大切です。そのためには普段から、インターネットやテレビなどでLGBTの話題が出てきても、オープンでポジティブに受け止めている発言や姿勢を見せることです。さりげなく「気軽にSNSで相談できるNPO団体があるらしいね」と伝えるのも1つ。性の悩みは、さすがに親に言いづらいため、信頼できる専門機関を頼ることも得策です。悩みを親子で共有した後は、さらに本やインターネットで調べて、一緒に理解を深めていくといいでしょう。

コラム④　恋愛は思春期にこそ必要？

マンガ解説では、思春期に恋愛をする必要があることをご説明しました。もちろん成人期以降も恋愛はできるのですが、思春期にこそ必要なのです。それはなぜでしょうか？

そのわけは、恋愛の敏感期（37ページ）が思春期であることが考えられるからです。この根拠は、初恋（平均10歳）、初潮（平均12歳）、精通（平均14歳）、女性の妊娠可能年齢（15歳前後）のそれぞれの時期にタイムラグがあることから説明することができます。10歳で異性を好きになっても、実際にセックスをして子どもができるまで、少なくとも4、5年間の猶予期間があるのはどうしてでしょうか。ちなみに、この猶予期間は類人猿にある程度存在するのですが、他の哺乳類には見られないことがわかっています（※39）。

進化心理学的には、この猶予期間に、より生殖に有利な相手選び（配偶者選択）をお互いにすることができるからであると考えられます。この期間に、生存や生殖に適応的な相手を見極めているのです。たとえば、それは体格や運動能力などの身体的特徴です。人間の場合は、子育てを含めて共同生活で協力関係を築くことができるという性格的特徴もあげられるでしょう。

また、相手選びをするのと同時に、自分が選ばれるために自己アピールをするようにもなります。これは、同性への牽制行動にもなります。このことから思春期は、異性へのセックスアピールと同性へのマウンティングの両方を育む（敏感に反応する）時期でもあるといえるでしょう。

以上より、恋愛には、愛着形成や性格形成と同じように、敏感期があると結論づけることができます。そして恋愛は、愛着や友情と同じように本能であり、子育てを含む生殖をするための能力（機能）であるといえます。その能力を高めるために、特に思春期にその練習をする必要があるといえるのです。これは、心理学者フロムの「愛するという技術（the art of loving）」という名言を裏づけます。

昨今の生涯未婚率の上昇には、さまざまな要因が指摘されています。進化心理学的な視点に立てば、その要因の1つは、現代において個人の自由が重んじられるようになった分、それまで封建的な価値観によって軽んじられてきた「恋愛不足」が顕在化したと考えることもできるのかもしれません。

コラム⑤

遺伝を考えることは
子育てのあり方を考えること

本書では、子育てに関係する遺伝の話題をかなり踏み込んでご紹介してきました。そして、知能や性格について、遺伝の影響が少なくないことを知って、複雑な思いを持つ読者の方もいらっしゃるかもしれません。なかには、こんなに遺伝を持ち出すなんて差別を助長するんじゃないかと心配される方もいらっしゃるかもしれません。それはたとえばこんな発想です。

・知能への遺伝の影響を知る→もともと勉強ができない人がいる→つい仲間外れにしてしまう（差別する）

これは、まさに**同調（排他性）**の心理（２９５ページ）です。では、遺伝について考えない方がいいのでしょうか？　すると、こういう発想になるおそれがあります。

・知能への遺伝の影響を知らない→みんな同じはず→勉強ができない人は努力が足りない→その人が困っていても助けたくない（差別する）

みんな同じだと思っていても、実際は、遺伝によって違うという厳しい現実があります。そのつじつまを合わせるために、本人の努力のせいにするのです。これは、いわゆる自己責任論です。子どもの場合、本人だけでなく親の努力が足りないせいにもされてしまいます。そしてここにも「みんな同じ」という**同調（排他性）**の心理が潜んでいます。つまり、遺伝をタブー視したところで、けっきょく潜在的に差別をしてしまう危うさがあります。

それでは、こう考えてみるのはどうでしょうか？

・知能への遺伝の影響を知る→自分の子どもも含めて勉強ができない人は努力が足りないとは限らない→その人が困っていたら助けたい（差別しない）

遺伝とひと口に言っても、実際には親の特徴が子どもにそのまま遺伝するものではなく、親の特徴になかった「種」（不顕性遺伝）が遺伝の組み合わせの確率によって「芽」が出てくる（顕在化する）こともあります。つまり、予測もコントロールもできないものであるということです。

この前提を理解していたら、自分の子どもがどんなにがんばっても、親がどんなにがんばらせても、その努力が報われるとは限らないという視点が持てます。

この気づきは、その子らしさに目を向けた、本質的な子育てを支えるものです。私たち（社会）は、遺伝の影響を知ることでこそ、互いを尊重でき、互いに助け合おうという発想を持てるのではないでしょうか？

つまり、遺伝についてオープンに考えることは、真の子育てのあり方、そして社会のあり方を考えるきっかけになるということです。それは、社会的なムーブメントとして、そして政治として、社会という環境に働きかける原動力となり、結果的に差別や格差が減っていくということにもつながるはずです。

そもそも知能や性格などの遺伝の種（遺伝素因）をどう開花（発現）させるかは、相互作用する環境（社会）に左右されています。つまり、現時点で遺伝そのものは変えられなくても、その遺伝を踏まえて互いに助け合う環境（社会）に変えていくことで、私たちは、遺伝の種をよりよく開花させることができる、つまりよりよく生きることができるのです。

もともと私たちはそれぞれ違うのだという前提に立てば、自分や自分の子どもが周りと違うことに何の後ろめたさも感じないでしょう。このように、社会と個人両方の子育てのあり方を変えていくことは、結果的に不登校やひきこもりになりにくい未来につながるはずだと確信しています。

おわりに

最後までお読みいただき、ありがとうございます。

この本で取り上げた発達心理学、行動遺伝学、進化心理学の視点に立つと、けっきょく子育てとは、子どもが人生を楽しみ幸せを感じるトータルな「能力」を高めるサポートをすることだと気づかされます。

そして、「幸せ」の形は子どもそれぞれであり、その子自身が決めることだとも気づかされます。

この子育ての本質を理解することは、過剰な教育熱でぐつぐつと沸騰している親御さんたちの頭を少しでも冷やしてくれることでしょう。

ほどよく肩の力が抜けると、子育てを賢く楽しく、もっと気楽にすることができるようになるはずです。そんな子育てを通して、親もまた幸せを感じることができるのです。

この本でご紹介した具体的な子育てのやり方は、実はそのまま、まるまる人材育成に応用できることに触れました。

そして、親も幸せを感じる子育てのあり方は、私たち親も日々試され自己成長していくプロセスそのものであるといえます。

つまり、子育てとは、「人育て」であり、「自分育て」でもあるわけです。そして、育てられた次の世代が、さらにその次の世代をよりよく育てていくのです。この点で、子育ては、人類の文化そのものであるといえるでしょう。どんなにＡＩ（人工知能）が進歩して世の中の仕事に取って代わっても、最後に残る人類にしかできない仕事は、子どもを育てることであり、人を育てることであり、そして自分自身を育てることだといえるのではないでしょうか？

このように考えると、親として日々悪戦苦闘している毎日が、不思議と尊い時間に思えてくるのではないでしょうか？

さて、最後に、この本を世に出すにあたってお世話になった方々への感謝の気持ちをここに記します。

共著者である杉野と荒田は、「臨床心理士と精神科医のコミュニケーションラボ」というホームページを共同で運営してきました。その中で、映画・ドラマ・アニメを心理学的な視点で詳しく解説した「シネマセラピー」というコラムを、地味に細々と(?)、連載してきました。杉野がネタを集め、荒田が文章を構成するというスタイルです。そして、このコラムが編集者の茶木奈津子さんの目に留まったことが、この本をつくるきっかけになりました。本書のマンガとイラストを描き下ろしてくださった松尾達さんは、私たちが伝えたいことを完璧に理解していただき、ストーリーやキャラクター設定をお考えくださいました。私たちが思いもよらなかった展開や引き込まれる描き方をしていただき、コンテが上がってくる度に感激していました。また、デザイナーの漆原悠一さんは、美しく印象的な表紙デザインをご提案くださいました。皆様には、この場を借りて心より御礼申し上げます。

また、本書の内容についてさまざまな意見やアドバイスをくれた友人たちへ。子育てをするなかで、たくさんの喜び、本音、葛藤、時にはため息や涙を分かち合ってきました。かけがえのない時間です。この場を借りて、感謝の気持ちをお伝えします。

2023年3月　杉野珠理、荒田智史

参考文献

〈1章〉

※1　『愛着崩壊』岡田尊司、角川選書、2012

※2　『愛着障害』岡田尊司、光文社新書、2011

※3　『心理学者・脳科学者が子育てでしていること、していないこと』
杉山崇、主婦の友社、2018

※4　『遺伝マインド』安藤寿康、有斐閣、2011

※5　『スマホ脳』アンデシュ・ハンセン、新潮新書、2020

※6　「デジタルデバイスの小児および若年者に与える影響」不二門尚、2019、
日本眼科医会ホームページ（https://www.gankaikai.or.jp/press/20190226_2.pdf）

※7　『科学的に正しい子育て』森田麻里子、光文社新書、2020

※8　『遺伝子の不都合な真実』安藤寿康、ちくま新書、2012

※9　「体罰や言葉での虐待が脳の発達に与える影響」友田明美、日本心理学会、2018

※10　『母子臨床と世代間伝達』渡辺久子、金剛出版、2000

〈2章〉

※11　『学力テストで測れない非認知能力が子どもを伸ばす』中山芳一、東京書籍、2018

※12　『自分をコントロールする力』森口佑介、講談社現代新書、2019

※13　『ルポ教育虐待　毒親と追いつめられる子どもたち』
おおたとしまさ、ディスカヴァー携書、2019

※14　『日本人の9割が知らない遺伝の真実』安藤寿康、SB新書、2016

※15　『ふたご研究シリーズ1　認知能力と学習』安藤寿康、創元社、2021

※16　『ふたご研究シリーズ3　家庭環境と行動発達』安藤寿康、創元社、2021

※17　『教育虐待・教育ネグレクト』古荘純一・磯崎祐介、光文社新書、2015

※18　『最高の子育てベスト55』トレーシー・カチロー、ダイヤモンド社、2016

※19　『賢い子になる子育ての心理学』植木理恵、ダイヤモンド社、2019

※20　『パーソナリティ心理学』榎本博明、有斐閣アルマ、2009

※21　『子どもと性の話、はじめませんか？』宮原由紀、CCCメディアハウス、2021

※22　Marshall, C. (2017). Montessori education: a review of the evidence base. npj Science of Learning, 2(1), 1-9. Laski, E. V., Vasilyeva, M. & Schiffman, J. (2016). Longitudinal comparison of Montessori versus non-Montessori students' place-value and arithmetic knowledge. Journal of Montessori Research, 2(1), 1-15.

〈3章〉

※23 『ネガポ辞典　ネガティブな言葉をポジティブに変換』ネガポ辞典制作委員会、
主婦の友社、2012

※24 『子どもにおこづかいをあげよう！』西村隆男（監修）、藍ひろ子（著）、主婦の友社、2020

※25 「特集ICD-11のチェックポイント」『精神医学』、医学書院、2019年3月号

※26 『DSM-5　精神疾患の診断・統計マニュアル』「今後の研究のための病態」
日本精神神経学会、医学書院、2014

※27 『しくじりから学ぶ13歳からのスマホルール』島袋コウ、旬報社、2020

※28 『インターネット・ゲーム依存症』岡田尊司、文春新書、2014

※29 『「心は遺伝する」とどうして言えるのか』安藤寿康、創元社、2017

〈4章〉

※30 『人間と動物の病気を一緒にみる』バーバラ・N・ホロウィッツ、キャスリン・バウアーズ、
インターシフト、2014

※31 『子育ての大誤解　下』ジュディス・リッチ・ハリス、ハヤカワ文庫NF、2017

※32 『図表で学ぶアルコール依存症』長尾博、星和書店、2005

※33 『よくわかるアサーション　自分の気持ちの伝え方』平木典子、主婦の友社、2012

※34 『タイムマシン心理療法』黒沢幸子、日本評論社、2008

※35 「不登校がその後の生活に与える影響」井出草平、
大阪大学（https://jss-sociology.org/research/87/284.pdf）

※36 「児童生徒の問題行動・不登校等生徒指導上の諸課題に関する調査」
文部科学省初等中等教育局児童生徒課、2021

※37 「男子校／女子校出身者と婚活の関係性」についてアンケート調査
パートナーエージェント（https://www.p-a.jp/research/report_47.html）

※38 「大学生を対象とした出身高等学校の共学・別学体験に関する質問紙調査」
茂木輝順
（https://www.i-repository.net/il/cont/01/G0000155repository/000/006/000006415.pdf）

※39 『進化と人間行動』長谷川寿一・長谷川眞理子、東京大学出版会、2000

著者

杉野珠理（すぎのじゅり）

臨床心理士、公認心理師、心理学講師。心療内科でのカウンセリングのほか、企業や自治体で親御さん向けの子育てセミナー講師、自治体で中高生向けの心理学講座の講師を務める。監修に『心を癒す、静める、整える立体マンダラ ヒーリング切り絵』（日本文芸社）などがある。一男一女の母。

荒田智史（あらたともふみ）

精神科医、精神保健指定医、精神科専門医。東京都立梅ヶ丘病院（現・東京都立小児総合医療センター）、関東医療少年院などを経て、現在は医療機関の精神科・心療内科で診療をしている。また、定期的に自治体で就学前相談や思春期相談を受けている。一男一女の父。

臨床心理士と精神科医のコミュニケーションラボ
https://commulabo.com

ISBN 978-4-420-31101-4 C0037

臨床《りんしょう》心理士《しんりし》と精神科医《せいしんかい》の夫婦《ふうふ》が
子育《こそだ》てで大事《だいじ》なこと全部《ぜんぶ》まとめてみました

発行日 2023年3月31日 第1刷発行
　　　 2024年5月20日 第3刷発行

著　者 杉野《すぎの》珠理《じゅり》
　　　 荒田《あらた》智史《ともふみ》
発行者 徳永 真
発行所 株式会社集英社クリエイティブ
〒101-0051 東京都千代田区神田神保町2-23-1
電話 03-3239-3811
発売所 株式会社集英社
〒101-8050 東京都千代田区一ツ橋2-5-10
電話 読者係 03-3230-6080
　　 販売部 03-3230-6393（書店専用）
印刷所 大日本印刷株式会社
製本所 株式会社ブックアート

定価はカバーに表示してあります。